성장하는 기업에는 학습조직이 있다

성장하는 기업에는 학습조직이 있다

초판 발행 2018년 01월 15일

지은이 | 김영인
발행인 | 권오현

펴낸곳 | 돋을새김
주소 | 서울시 종로구 이화동 27-2 부광빌딩 402호
전화 | 02-745-1854~5 팩스 | 02-745-1856
홈페이지 | http://blog.naver.com/doduls
전자우편 | doduls@naver.com
등록 | 1997.12.15. 제300-1997-140호

인쇄 | 금강인쇄(주)(031-943-0082)

ISBN 978-89-6167-237-5 (03320)
Copyright ⓒ 2018, 김영인

값 15,000원

성장하는 기업에는
학습 조직이 있다

LEARNING ORGANIZATION For the Long Run

김영인 지음

돋을새김

'기업은 사람이다'라는 말을 흔히 듣는다. 기업에서 일하는 사람들의 수준에 따라 일의 수준이 결정되고, 그 일을 통한 산출물의 품질도 결정된다. 결국 돈을 벌게 하는 가장 핵심적인 요소이기 때문에 기업은 사람이라고 말하는 것이다. 어떤 일이든 수행하는 사람의 역량에 따라 최종적인 결과물의 품질이 결정된다. 따라서 기업에서는 가장 효율적인 방식을 통해 구성원들의 역량을 강화하는 것이 가장 큰 과제가 된다.

그런데 이러한 과제는 쉽게 해결되지 않는다. 많은 기업들이 인재를 육성하기 위해 엄청난 투자를 한다. 교육을 전담하는 연수부서를 설치하고, 외부 전문교육기관에 의뢰하고, 사내에 대학을 설립해 운영하는 회사도 있다. 하지만 그런 방법들이 충분히 만족스럽지는 못하다. 충분히 만족스럽지 못하다는 것은 실제로 교육을 받아본 당사자들이라면 금세 알 수 있다. 또한 깊은 연구를 한 사람이라면 조금만 살펴보아도 쉽게 알 수 있다.

어떤 회사에서는 10년 동안 근무한 사람이나 1~2년 된 사람이나 별다른 차이 없이 일하고 있는 것도 발견할 수 있다. 단지 입사 순서가 빠르고 근무기간이 길다는 이유만으로 권위를 앞세우는 경우도 쉽게 찾아볼 수 있다. 심지어는 상당한 위치에 있는 리더들조차 합리적이지 않은 단기 업적에 중점을 두어 큰소리치며 윽박지르는 경우도 있다. 이런 경우에는 조직의 질적인 변화는 전혀 기대할 수 없이 허송세월을 하는 결과로 이어지기 십상이다.

그동안 컨설턴트로 참여했던 회사들에서 효율적으로 일하는 체제를 갖추었을 때 10년 이상의 경력자만 할 수 있다고 여겨졌던 일들을 2년짜리 신입사원도 잘 해내게 되는 것을 수없이 지켜봤다. 오히려 그 전보다 더 훌륭한 성과를 내기까지 했다. 결국 사람은 자기가 맡은 일을 할 때, 기존의 업무틀이나 기업 내의 분위기에 영향을 받게 된다는 것을 알 수 있었다. 기업의 성장을 이끌어갈 인재를 양성하는 문제에는 반드시 작용하는 중요한 인자들이 있다. 그것은 체제나 문화라고 할 수 있을 정도로 본질적인 것이어서 대단히 중요한 역할을 한다.

별도의 교육이나 외부교육을 통해서는 쉽게 이룰 수 없는 것들이기도 하다. 기업 내에 견고히 자리잡고 있는 체제나 문화에 의해 선순환의 궤도를 따라 진행되는 과정에서 자연스럽게 만들어지는 것이다. 지속적으로 성장하는 기업에는 틀림없이 사람을 잘 육성하는 체제나 문화가 조성되어 있다. 시간이 지나도 변함이 없는 한결같은 분위기가 조성되어 있는 것이다. 이러한 분위기는 간단히 그리고 빠르게 만들 수 있는 성질의 것이 아니다.

혹시라도 가장 빠른 길이 있다면, 올바른 방식을 채택하여 꾸준히 시도하는 것이다. 이 책에서는 이러한 체제나 문화를 만드는데 있어 핵심요소가 되는 내용들을 소개하고 있다. 지난 30년 동안 다양한 기업들에서 혁신활동을 진행하면서 터득하고 그 효과를 직접 확인한 것들이다.

2018년 김영인

차례

제1장 학습조직이란 무엇일까?

#학습 조직이란?

사람은 살아가기 위해 항상 어떤 일이든 해야 한다. 그 중에서도 특히 생업으로 하는 일이 가장 중요할 것이다. 생업으로 삼은 직업에는 귀하고 천함이 따로 있을 수 없다. 하지만 귀천은 없다 해도 그 일에 질적인 차이는 얼마든지 있을 수 있다. 그 질적인 좋고 나쁨을 결정짓는 것은 저마다의 능력이며 그 능력은 학습에 의해 형성된다.

우리가 어떤 직업을 갖든지 그 일은 세상의 끊임없는 변화와 연관되어 있다. 이러한 변화를 일반적으로 발전이라고 부른다. 특히 디지털 문명의 발전을 기반으로 한 변화의 물결이 거센 오늘날, 세상의 변화는 각 개인에게 새로운 도전으로 이어진다. 그 변화를 이끄는 위치에 서게 되면 경쟁력이 있는 것이고, 그 변화를 따라가지 못하면 경쟁력을 상실하는 것이다. 그러한 변화를 따라잡는 것은 물론, 앞장서 이끌기 위해서는 반드시 학습이 뒷받침되어야 한다.

학습이란 지금까지 배운 것을 바탕으로 연습과 훈련을 통해 새로운 것을 만들어내는 행동의 변화 과정을 의미한다. 학습은 지금까지 이루어져 있는 것들을 완전히 정복하는 것에서 출발된다고 할 수 있다. 지금까지 나온 이론이나 기술들에 대한 이해와 습득이 새로운 것을 창출하는 능력으로 이어지게 된다. 그러므로 경쟁력을 유지하려면 끊임없이 학습해야만 한다.

개인이나 기업의 성공은 이러한 학습을 성공적으로 수행하는 것에 달려 있다. 하지만 이러한 학습은 하루아침에 이루어지지 않는다. 지속적인 과정 속에서 끊임없는 훈련을 통해 이루어진다.

'학습조직'이란 조직의 구성원 모두가 스스로 학습하도록 이끄는 시스템이다. 즉, 그 조직 내에 들어가기만 하면 저절로 학습이 이루어지는 체계를 갖추고 있는 조직을 말한다. 물론 어떤 조직이든 학습은 기본적으로 이루어진다. 다만 그 학습이 왕성하게 일어나느냐 아니냐의 차이가 있을 따름이다.

학습이 활발하게 실행되는 조직이 경쟁력을 갖춘 조직이 된다. 하지만 현대 사회가 점점 더 빠르게 변화하면서, 사람들에게는 당장 급하게 처리해야 할 일들이 점점 더 늘어나고 있다. 따라서 학습을 잘할 수 있는 조직 체제를 갖추고 일을 하게 된다면 변화에 대응하는 능력이 훨씬 빨라지면서 선순환의 궤도를 만들게 될 것이다. 바쁘게 돌아가는 와중에도 이러한 자주학습 체제를 갖추고 왕성한 학습이 일어나는 조직과 그렇지 않은 조직은 업무 수행 능력에서 커다란 차이를 보이게 될 것이다. 이 책에서는 이러한 학습조직을 만들기 위한 과정을 중점적으로 다룰 것이다.

#학습능력 3요소

　조직의 학습은 결국 구성원들 개개인의 학습을 통해 이루어진다. 한 사람, 한 사람 모두가 학습이 되어야 조직이 학습을 한 결과로 나타나게 된다. 학습능력을 이야기할 때 분명히 짚고 넘어갈 문제가 있다. 즉, 학습능력은 선천적인 유전인자에 의해 나타나는 것일까? 아니면 후천적인 환경에 의해 개발되는 것일까?

　이 세상의 어떤 사람도 공부를 잘하고 싶지 않은 사람은 없을 것이다. 여기에서 공부는 학교에서 이루어지는 학습뿐만이 아니라 사회에서 일하는 능력을 습득하는 것도 일컫는다. 그런데 공부를 잘하고 싶다고 해서 모두 다 잘하는 것은 아니다. 언제 어디서고 항상 잘하는 사람과 못하는 사람이 있기 마련이다.

　그렇다면 그 차이는 어디에서 비롯되는 것일까? 똑같은 선생님에게 똑같이 배우는데도 성적 차이가 나는 것이나, 가끔 매스컴에 소개되는 신동들의 경우를 보면 틀림없이 타고난 유전적인 특징은 인정해야 할 것이다. 또한 공부 잘하는 유전인자를 갖고 있는 사람은 지능의 유전인자와 더불어 태도의 유전인자 역시 갖고 있는 것으로 보인다. 머리도 좋고 공부하는 자세도 좋아야 항상 우수한 성적을 유지할 수 있기 때문이다. 머리가 좋다는 것 즉, 지능이란 인지력·이해력·지각력·기억력·응용력·창의력 등 고유의 능력을 의미하고, 태도란 집중력·지구력·주도력·인내력·조절력 등 공부하는 과정의 질을 만들어내는 요소를 말한다.

지능과 태도 이 두 가지 요소는 상호 작용한다. 서로에게 좋게 작용하면 선순환이 되고 나쁘게 작용하면 악순환이 된다. 즉, 지능이 뛰어난 학생이 더욱 공부를 잘하고 싶어서 집중력을 높이고 공부하는 방법을 개선하게 되면 좋은 학습 태도를 통해 효과적으로 공부하게 되는 것을 의미한다.

학습 태도를 바꿨더니 공부가 더 잘 되어 지능이 더 발달하게 되고 또 그 발달된 지능으로 더 좋은 태도를 만들고… 하는 식으로 돌아가는 것이 선순환이고 그 반대가 악순환이다.

지능으로 태도를 결정하고

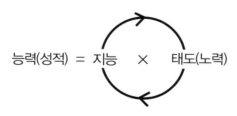

능력(성적) = 지능 × 태도(노력)

태도는 지능에 영향을 미친다

그런데 중요한 것은 지금 어떤 사람이 보이고 있는 지적 상태를 그 사람의 지능과 태도의 유전적인 결과라고 단정 지을 수는 없다는 것이다. 즉, 그 사람이 정말 그렇게 타고났을 수도 있지만 환경적인 요인에 의해 계발이 되지 않았을 수도 있는 것이기 때문이다.

　　산업현장을 두루 다니다 보면 후자의 모습들을 많이 확인할 수 있다. 즉, 타고난 잠재능력은 있지만 그것이 계발되는 환경이 주어지지 않아서 현실에 안주하며 자신들에게 잠재능력이 있는지조차 모르는 채 살아가는 사람들이 너무나도 많다는 것이다. 이 책에서 소개하는 방법을 바탕으로 그들의 학습 환경을 바꿔줌으로써 변화하는 모습을 직접 확인할 수 있었다.

　　과거에는 초, 중, 고 시절에 공부하는 것은 오로지 학생 자신의 몫이었다. 특히 농촌의 부모들은 겨우 학비만 대주는 정도였고, 공부에는 거의 관여치 못하고 방임하는 것이 일반적이었다. 그런데도 공부 잘하는 학생은 있었다. 즉, 똑같은 환경인데도 남다른 학습태도로 남보다 좋은 성적을 내는 학생이 틀림없이 있다. 이러한 사실은 유전인자의 작용을 보여주는 것이다. 즉, 그러한 태도는 타고나는 것임을 알 수 있는 경우이다. 그러나 그렇게 공부 잘했던 아이들도 성적이 떨어지면 평범한 모습을 보이는 경우도 숱하게 나타나는 것도 사실이다. 이러한 사실은 공부 잘하는 것이 반드시 유전인자로만 결정되지 않는다는 것을 보여준다. 평범했던 아이들이 환경을 바꿔주면 아주 좋은 성적을 내게 되는 것을 볼 수 있다. 이 역시 공부가 유전인자만의 작용이 아니라는 것을 보여주는 좋은 사례이다.

　유전적인 지능과 태도를 타고 난 사람이 좋은 환경에 처하면 틀림없이 공부를 잘한다. 그래서 요즘엔 자녀교육을 위해서 좋은 시설, 좋은 프로그램, 좋은 선생님을 열심히 찾아다닌다. 유전적 요소를 타고났는데도 불구하고 환경이 좋지 않아서 그것이 계발되지 않는 것처럼 안타까운 일은 없을 것이다. 또한 특수한 경우를 제외하고는 현재의 모습만으로 더 이상 발전할 수 없을 것이라 단정할 수는 없다. 환경과 여건이 달라지면 숨어있던 잠재력이 계발될 수 있다는 것은 그 누구도 부정할 수 없을 것이기 때문이다.

　그리고 한 가지 명백한 사실이 있다. 공부를 잘하는 사람 중에 노력하지 않는 사람은 없다는 것이다. 즉, 노력하지 않고 성공한 사람은 없다. 이러한 사실은 잠재력만으로는 아무것도 이룰 수 없다는 것과 지금 노력하지 않아 학습 성과가 오르지 않는 사람일지라도 잠

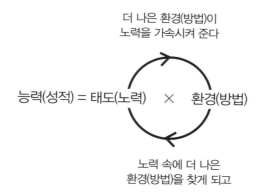

더 나은 환경(방법)이
노력을 가속시켜 준다

능력(성적) = 태도(노력)　×　환경(방법)

노력 속에 더 나은
환경(방법)을 찾게 되고

재력은 있다는 것을 시사한다. 따라서 공부에서나 일에서나 누구든지 노력만 한다면 지금보다 훨씬 더 잘할 수 있다는 것을 확신할 수 있다.

노력은 사람의 태도 즉, 유전인자에 해당되지만 대부분의 사람들은 완전히 계발되지 않은 상태에 머물고 있다. 그러므로 환경과 여건을 조성해주면 발전할 가능성이 높아진다. 여기에서 노력과 태도 사이에 앞에서의 지능과 태도에서 나타났던 관계가 다시 나타난다. 즉, 태도(노력)가 좋은 사람은 더 좋은 환경(방법)을 찾거나 만들어내려 하고, 또 좋은 환경(방법)은 노력을 더욱 가속화시키는 작용을 하면서 선순환의 발전으로 이어지는 관계가 나타난다.

따라서 이 두 개의 그림을 하나로 합치게 되면 다음과 같은 관계가 형성된다. 즉, 공부나 업무의 성과를 향상시키는 것은 지능과 태도(노력)와 환경(방법)의 세 가지 요소로 결정된다는 것이다.

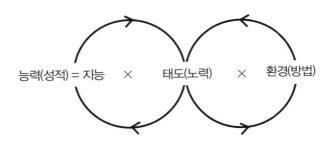

능력(성적) = 지능　　×　　태도(노력)　　×　　환경(방법)

지능과 태도(노력)와 환경(방법)의 세 가지 요소가 상호작용을 통해 무한한 선순환의 궤도를 돌게 되면 능력이 향상되는 구조가 완성되는 것이다. 따라서 누구에게나 숨어 있는 지능과 태도라는 잠재력을 계발시키기 위해 환경(방법)과 여건을 조성해주는 것이 가장 효과적인 방안이 될 것이다.

지능과 태도 그리고 환경이라는 세 가지 인자 중에서 지능 부분은 사람의 의지로 변화를 줄 수 있는 것이 아니다. 하지만 태도와 노력은 사람의 의지가 작용할 수 있다. 태도와 노력은 전적으로 개인의 몫이기 때문에 이것만으로는 충분하지 않은 것이 일반적이다. 즉, 개인이 스스로 변화하는 것은 어렵다는 뜻이다. 그래서 효과를 이끌어내기 위해 환경이나 방법을 적절하게 제공해주는 것이다. 지금까지의 내용을 간략히 요약하면 좋은 환경이나 방법 속에서 좋은 태도가 만들어지고 또 좋은 태도로 지식을 습득하면서 지능의 발달로 이어지게 되는 것이다.

따라서 이 책에서 제공되는 방법들은 태도(노력)와 환경(방법)을 최선의 상태로 만드는 것에 초점을 맞추어 잠재력을 계발하는데 도움을 줄 수 있는 것들이다.

#학습자발성 발전 5단계

앞에서 학습능력의 3요소로 지능과 태도 그리고 환경을 들었다. 지능은 선천적인 것이므로 외부의 영향력으로 더 향상시킬 방법은 없다. 하지만 태도와 환경에 의해 좋은 학습을 지속하게 되면 잠재적인 지능이 계발되는 것은 가능하다. 그래서 외부에서 영향력을 미칠 수 있는 태도와 환경에 변화를 주는 것이다. 즉, 좋은 태도를 가질 수 있도록 영향력을 끼치고, 노력하게 만드는 구속력이 있는 환경을 조성해 주는 것이다. 앞의 그림에서 본 바와 같이 태도와 환경은 서로 맞물려 순환하면서 작용을 한다. 이 두 가지 요소를 분리해서 접근하는 것은 부적절하다. 따라서 이 책에서는 태도와 환경을 동시에 조성하는 것에 초점을 맞춰 논의하도록 한다.

학습하는 태도에 있어 가장 중요한 것은 자발성이다. 즉, 스스로 공부하려는 태도가 학습 성과에 결정적인 작용을 한다. 다음 그림은 학습자발성이 발전하는 5단계를 표현해 본 것이다.

학습자발성이 가장 낮은 1단계는 강압에 의해 억지로 학습하는 태도를 보인다. 야단을 맞는 것이 두려워 겨우 움직이는 상태이기

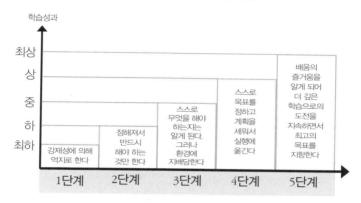

| 학습자발성 발전 5단계 |

학습성과

최상
상
중
하
최하

| 1단계 | 2단계 | 3단계 | 4단계 | 5단계 |

강제성에 의해 억지로 한다

정해져서 반드시 해야 하는 것만 한다

스스로 무엇을 해야 하는지는 알게 된다. 그러나 환경에 지배당한다

스스로 목표를 정하고 계획을 세워서 실행에 옮긴다

배움의 즐거움을 알게 되어 더 깊은 학습으로의 도전을 지속하면서 최고의 목표를 지향한다

때문에 당연히 학습 성과가 나올 리 없다. 이보다 조금 발전하게 되면 꼭 해야만 하는 것을 하는 정도가 된다.

2단계는 학교에서 내어주는 숙제는 겨우 하는 정도로 자발성이 없는 상태이다. 따르지 않으면 감점이 있거나 불이익이 있다는 것이 마음에 걸려 움직이는 상태로 자발성은 거의 없다. 여기서 조금 더 발전하면 스스로 무엇을 학습해야 하는지를 파악하게 되는 3단계가 된다. 그러나 실행력이 받쳐주지 못해서 학습 성과로 이어지지는 못한다. 환경의 지배를 받아 공부하는 노력을 들이지 못하는 상태이다. 학습 프로그램도 없고, 재미있는 게임에 빠지기도 하고, 친구들과 놀기도 하고, TV에 많은 시간을 빼앗기는 등 학습에 전적으로 몰입하지 못하는 상태이다. 이런 상태에서는 스스로 그것이 잘못 되었

21

다는 판단은 하고 있다. 단지 자신의 행동으로 극복하지 못하는 나약함을 보이는 것이 문제다.

여기서 좀 더 발전하면 스스로 목표를 정하고 달성하는 4단계가 된다. 스스로 목표를 설정하고 계획을 세워 반드시 실천하는 모습을 보이는 단계이다. 이 정도가 되면 어느 정도의 학습 성과를 올리게 되는 것을 볼 수 있다. 가장 최고의 단계인 5단계가 되면 최고의 목표에 도전하는 모습을 보이게 된다. 배움의 즐거움을 알고 더 깊이 학습하기 위한 도전을 끊임없이 지속하는 상태가 된다. 5단계까지 이르면 당연히 최고의 학습 성과를 얻게 된다.

학습자발성이 낮은 사람은 타율적인 구속력에 의해 마지못해 학습을 하지만 자발성이 높은 사람은 자율적인 구속력에 의해 스스로를 움직이도록 한다. 대부분의 학습 성과가 낮은 학생들은 학원이란 구속력을 통해 공부를 하고 있는데, 학습의 본질에 이르지 못하고 시간만 허비하는 경우가 많다. 진도는 나아가는데 그 내용을 정복하지 못한 채 지나치게 되어 학습 성과로 이어지지 못하는 것이다. 그렇다 보니 시간이 지날수록 공부가 재미없어지고 따라서 적당히 시간만 보내게 되는 상황으로 이어져 점점 더 공부가 싫어지게 되는 악순환의 궤도를 돌게 된다. 반면에 공부 잘하는 사람은 스스로 자기 자신을 구속하는 방법을 사용한다. 자신이 세운 원칙과 방법으로 스스로 정한 목표를 달성하는 즐거움을 맛보며 선순환의 궤도 속에서 학습 성과를 높여가는 것이다.

22

공부는 빌딩 건축과 다를 바 없다. 높은 빌딩을 지으려면 높이에 걸맞는 기초와 하부구조가 받쳐주어야 하듯, 공부를 잘하려면 기초학습이 잘 되어 있어야 한다. 그런데 수많은 조직 구성원들의 기초학습 수준은 사람마다 다르다. 이렇게 다른 점을 누군가가 짚어서 일일이 밝혀주는 것은 불가능하다. 따라서 스스로 일정한 과정을 밟아가면서 자발적으로 학습할 수 있도록 유도하는 것이 무엇보다 필요하다. 이 책에서는 그 방법론을 집중적으로 다루게 될 것이다.

#학습자발성의 3요소

스스로 공부하는 것보다 더 강력한 힘을 발휘하는 것은 없다. 아무리 좋은 환경을 조성해주고 자극을 주어도 스스로 하려는 의욕이 없는 사람은 학습을 제대로 진행하지 못한다. 뛰어난 성과를 이끌어내는 사람이 보이는 가장 특징적인 태도는 자발적인 주도성이다. 즉, 스스로 공부하는 방법을 개척하고, 자기 자신으로 하여금 노력하도록 스스로 제어하는 특성을 가지고 있다. 이런 사람들은 필요한 것들만 제공해 주면 스스로 열심히 공부하여 좋은 성과를 이끌어낸다. 이들은 목적을 확고하게 인식한 가운데 목표를 선명하게 수립하고 그것을 달성하기 위해 스스로 학습하는 과정을 만들어간다. 반면에 과정에 목표를 맞추며, 그냥 되는대로 끌려가는 사람들은 성과를 내지 못한다. 현재 자신의 상황을 어쩔 수 없다고 간주해 버리기 때문에 더 나은 결과를 기대할 수 없는 것이다.

그러나 여기에서 놓치지 말아야 할 것이 하나 있다. 그것은 바로 공부 잘하는 사람들 중에서도 극소수의 특별한 사람들을 제외하고는 어려서부터 자발적 주도성을 보이지는 않는다는 것이다. 대부분 일정한 구속력에 이끌려 성장하는 과정에서 점차 자신에게 잠재해 있던 자발적 주도성이 살아나게 된다는 점이다. 따라서 누구든지 잠재해 있는 자발적 주도성이 살아나기 전까지는 반드시 공부를 잘하기 위한 과정으로 이끄는 구속력이 필요하다. 이는 바꾸어 말하면, 처음부터 잠재력을 갖고 있었다 해도 자발적 주도성을 그냥 방치한 채 시간을 보낸다면 계발되지 않는다는 것이다.

무언가를 반복하면서 오랜 시간이 지나면 몸에 배게 되는데, 우리는 그것을 습관이라고 일컫는다. 공부 잘하는 사람은 공부 잘하는 습관을 가지고 있고, 공부 못하는 사람은 공부 못하는 습관을 가지고 있다. 그런데 이렇게 몸에 밴 습관은 좀처럼 깨지지 않는다. 특별히 잘못된 습관을 지니고 있는 사람을 공부 잘하게 하는 습관을 갖도록 바꾸려면 획기적인 시도와 노력을 해야만 한다. 따라서 될수록 어릴 적부터 일정한 구속을 통해 공부 잘하는 과정을 거쳐 습관으로까지 이어지도록 하는 것이 중요하다. '구속'이란 용어가 너무 부정적으로 해석되지 않기를 바란다. 결과를 좋게 만드는 강제성이라고 할까, 지혜로운 구속을 의미한다.

기업의 혁신활동에 오랫동안 종사하면서 많은 사람들과 만날 수 있었다. 학습의 관점으로 볼 때 그들에게서 아주 두드러지는 특징을 발견하게 되었다. 직장생활을 오랫동안 한 사람들을 대상으로 혁신활동을 지도하다 보면, 평소에 두뇌를 별로 사용하지 않고 단순반복적인 일에 종사했던 사람들과 두뇌활동을 많이 했던 사람들과의 사이에는 큰 차이가 있음을 발견하게 된다. 즉, 단순반복적인 일에 계속 종사했던 사람들은 조금이라도 창의적인 일을 해야 되는 상황에 닥치게 되면 굉장히 힘들어하면서 잘 소화해 내지 못한다. 오랫동안 단순한 일을 수행하며 굳어진 두뇌로 조금 복잡하게 생각해야 하는 상황이 되면 스트레스를 받고, 그로 인해 좋은 결과를 이끌어내지 못한다.

결국 스트레스는 더욱 가중되어, 다른 사람들보다 성적을 못 내게 되는 결과로 이어지고, 더욱 스트레스가 쌓이게 되어 아예 새로운 시도를 거부하게 된다. 오히려 새로운 시도를 비판하며 흠집을 내는 모습조차 보인다. 반면에 항상 두뇌활동을 왕성히 했던 사람들은 오히려 조금 차원 높은 시도를 즐거워하면서 기대보다 더 좋은 결과를 만들어내는 모습을 보이는 것이다.

두 부류의 사람들 간에 아무런 차이가 없는데 오랫동안 어떤 성격의 일을 해왔는가에 따라 그런 차이가 나타나고 있는 것이다. 전자는 악순환을 거듭한 결과로, 후자는 선순환을 거듭한 결과로 만들어지게 되었음을 엿볼 수 있는 상황이다.

이러한 사실로 비추어 볼 때 공부 잘하게 하는 것이나 일 잘하게 하는 것은 어느 날 갑자기 되는 것이 아니라 오랫동안 지속된 가운데 몸에 배게 된 습관이라는 것이다. 즉, 태도는 습관인 것이다.

이러한 자발적 주도성이라는 습관을 갖게 하는 데 있어 반드시 갖춰야만 하는 것들이 있다. 학습의 주인공인 당사자가 갖춰야만 하는 것들이며 결여되어 있다면 학습 성과를 낼 수 없다고 단언할 수 있다. 반드시 갖춰져 있어야만 외부적인 지원이나 시스템의 도움을 받을 수 있으므로 강조해야 하는 요소들이다. 즉, 비전과 기초 그리고 구속력이다.

● 비전 : 현재의 학습과 자신의 미래가 연결되어 있어야 한다

지금 공부하고 있는 것이 미래의 자신의 모습을 형성하는 데 기여하는 관계가 확실하다면 지금 하고 있는 공부를 열심히 하지 않을 사람은 없을 것이다. 따라서 자신의 미래에 대한 꿈을 선명히 갖는 것이 매우 중요하다. 가령 어떤 아이가 장차 의사가 되겠다는 꿈을 가지고 있다면, 그 아이는 의사와 관련이 있는 것들에 대해 호기심과 관심을 쏟기 시작할 것이다. TV에서 건강이나 질병에 관련된 내용이 나오면 집중하게 될 것이고, 그것과 관련된 분야의 책을 더 가까이 하게 될 것이다. 나아가 누가 아프다고 하면 그것에 대해 남들보다 더 큰 관심을 갖고 '왜 아플까', '어떻게 치료를 할까' 등에 대해

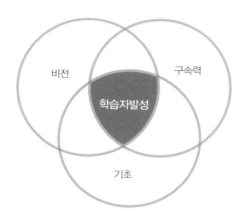

더 많고 깊은 생각을 하면서 성장하게 될 것이다.

그런 과정에서 학교공부가 의사가 되기 위해서는 중요하게 작용한다는 것을 당연하게 인식하게 되고 스스로 열심히 공부하는 자세를 취하게 되는 것이다.

이런 상태 즉, 스스로 공부하려는 태도를 보이는 상태가 되기만 하면 그때부터는 선생님의 가르침이나, 좋은 참고자료 등이 곁들여질 때 그 효력을 발하게 되는 것이다. 그렇게 될 때 비로소 공부가 재미있어진다.

공부를 열심히 하지 않는 사람들은 거의 대부분 미래에 대한 꿈이 선명하지 않다는 공통점을 갖고 있다. 그것은 결국 내가 왜 지금 이 공부를 해야 하는지에 대한 이유를 잘 모르고 있다는 것을 의미한다. 즉, 공부에 대한 동기부여가 되지 않으니 의욕이 살아날리 없고,

자연히 열심히 학습하지 않게 되어 성적이 오르지 않는 결과로 이어지는 것이다.

이러한 과정과 결과는 직장생활에서도 동일하게 적용된다. 그런데 많은 사람들이 자신의 미래모습을 선명히 갖고 있지 못하다. 그저 막연히 남들이 하는 대로 따라가는 식의 생활을 하고 있는 사람들이 많다. 그런 상태로는 학습을 열심히 하는 것을 기대하기 어렵다. 무엇보다도 미래의 자기모습 즉, 꿈을 선명하게 해야 지금 스스로 그것을 위한 학습을 열심히 하게 될 것이다. 이러한 것은 나이가 어릴수록 도움이 될 것이다.

지금 내가 하고 있는 일이 나의 비전과 연결되어 있다면 그것은 목적에 충실한 것이라 볼 수 있다. 이 책에서는 비전을 구체적으로 도모하고 활성화시키기 위한 도구를 제시하고자 한다.

● 기초 : 배우려는 것의 기초가 되는 내용들이 뒷받침되어야 한다

이 말은 그냥 간단히 얘기하면 기초가 탄탄해야 한다는 것이다. 그런데 그렇게 얘기하면 '초기에 배워야 하는 것들'을 기초인 것으로 여겨 식상해 하기 때문에 그 표현을 달리한 것이다. 지금 내가 배워야 하는 것의 이전 지식들은 전부 기초에 해당한다. 성적이 오르지 않거나 학습 효율이 오르지 않는 사람들은 모두 지금 배워야 할 것들의 이전 지식이 없어서 멈춰 있는 상태에 있다.

가령 고등학교에 입학한 학생이 있다면 그에게는 중학교 과정까

지의 모든 내용들이 지금 배워야 할 것들의 이전 지식이다. 즉, 그것이 기초가 되어야 고등학교 과정을 무난히 소화해낼 수 있다. 또한 1학년 과정을 충실히 소화해 내지 못하고 2학년으로 올라가면 기초가 되는 1학년 과정의 내용이 받쳐주질 못해서 2학년 과정도 충실히 소화를 시키지 못하게 된다. 다시 1학년 과정을 충실히 복습하고 공부하기 전에는 2학년에서 좋은 성적을 내기는 어려운 것이다. 따라서 이전 지식 즉, 기초를 튼튼하게 받쳐 주는 것이 학습에 있어서 반드시 필요한 것이다.

필요한 기초가 없는 상태로 어떤 문제를 풀거나 학습을 하려 하면 도무지 이해가 안 되고 실마리가 풀리지 않게 되어 재미가 없어진다. 재미가 없어지면 흥미를 잃게 되고, 그러면 열심히 하지 않게 되고, 열심히 하지 않으니 성적이 오르지 않게 되고, 그런 상태로 다음 진도를 나아가니 더욱 이해하기가 어렵고 재미가 없어지는 식으로 흘러가게 되는 것이다. 이러한 상황을 일컬어서 악순환이라고 한다. 즉, 시간이 흐를수록 점점 더 상황이 악화되는 것을 뜻한다. 기초가 부실한 채로 시간이 흐르면 틀림없이 악순환을 하게 된다.

공부하는 것은 집짓기와 똑같다. 기초가 부실하면 높이 올리기가 어려운 것이다. 그래서 초기부터 착실히 기초를 탄탄히 하는 것이 가장 중요한 일이다. 기초가 탄탄해야 학습의욕이 죽지 않고 살아나서 더 높은 지식을 습득하게 되고 이는 다시 더 높은 학습의 기초가 되어 또 다른 지식으로의 도전으로 이어지는 선순환을 만들게 하는 것이다. 지금 갈 길이 바쁜데 이전 지식이 부실하여 학습이 잘 일어나지 않고 있다면 지체 없이 갈 길을 멈추고 이전 지식의 학습으로 되돌려 시작하는 것이 가장 빠른 길이 될 것이다.

● **구속력 : 자기구속력을 강하게 작동시켜야 한다**

공부를 잘하는 사람들은 대부분 스스로를 구속하는 시스템을 만들어 그 틀 속에서 자신을 움직이게 만든다. 그런 구속하는 틀이 없다면 자기 자신이 게으르고 나태해져 원하는 결과를 내지 못할 것임을 잘 알기 때문이다. 즉, 자발성은 강한 구속력으로부터 나온다고 할 수 있다. 스스로 공부하는 자발성을 이야기하면서 구속력을 논하는 것이 모순된 것 같지만 자발성은 강력한 구속력과 매우 밀접한 순환의 관계를 갖고 있다.

구속이라 함은 '반드시 하도록 만드는 것'이다. 즉, 미래에 자신이 되고자 하는 목표를 이루기 위해선 지금 꼭 무언가를 하여야만 하기 때문에 자신을 구속해서라도 그 무언가를 꼭 하도록 만드는 것이다. 지금 당장에는 미래를 위한 것보다는 달콤하게 다가오는 것들에 유혹되기가 쉽기 때문에 이들을 물리치고 미래를 위한 것에 자신의 노력과 시간을 들이는 것이 쉽지 않다. 그래서 자신을 구속한다는 표현을 쓰는 것이다. 자신의 본능적인 선택으로는 미래를 위한 선택을 하는 것이 쉽지 않으므로 의지적으로 강한 자기구속을 하여서 미래를 위한 선택을 하도록 하는 것이다.

대부분의 사람들이 성공과 실패의 승부는 바로 자기구속을 잘 하느냐의 여부에 달려 있는 것이다.

구속당한다는 것은 그리 유쾌하지 못하다. 더 재미있는 것이 앞에 놓여 있다면 더욱 그렇다.

가령 초등학생에게 컴퓨터 게임과 학교 공부를 놓고 마음대로 하고 싶은 것을 선택하라고 하면 대부분 컴퓨터 게임을 선택할 것이다. 그러나 그 아이의 미래를 놓고 본다면 공부를 선택해야 제대로 선택을 했다고 할 수 있을 것이다. 그것이 제대로 된 선택인지 아닌지는 다음의 방법으로 쉽게 판단할 수 있다. 즉, 그 선택한 것을 지속적으로 계속한다면 어떻게 될까를 생각해 보는 것이다. 대부분 미래에 좋은 영향을 끼치는 것들은 당장엔 유쾌하지 않거나 즐겁지 않게 느껴진다.

반대로 미래에 악영향을 끼치는 것들은 당장엔 즐겁고 달콤하게 느껴진다. 그래서 미래에 유익한 것을 선택하게 하려면 구속력이 필요한 것이다. 그것도 타인에 의해 만들어지는 구속력이 아닌 자기 자신에 의한 구속력이 되어야 하는 것이다. 이 자기구속력에 의해서 당장은 유쾌하지 않더라도 미래에 유익한 것을 선택하게 하면서 인생의 선순환이 시작되는 것이다.

#학습조직을 이루는 요소

학습조직은 각각의 구성원들이 자신의 일을 하면서 자기 분야에 대해 더욱 조예가 깊어지도록 스스로 학습하도록 이끄는 조직을 일컫는다. 자신이 하고 있는 일을 잘 하려고 노력하면 할수록 학습이 되는 것이다. 물론 대부분의 조직은 일을 하면서 학습을 하게 된다. 다만 그 조직이 학습조직이냐 아니냐에 따라 학습의 정도 차이가 크게 나타난다. 그 조직이 학습조직이냐 아니냐는 다음의 그림과 같은 요소를 잘 갖추었는지의 여부로 결정된다. 앞으로 이 책에서 다룰 내용들을 하나의 그림으로 압축하여 그 관계를 표현한 것이다.

그림의 가장 가운데에 있는 것은 일하는 당사자와 가장 밀접한 '자주학습 프로그램'이다. 이는 구성원 개개인들이 따라갈 수 있게 설계된 틀로서 모든 개인들을 더 나은 방향으로 성장하도록 구속력을 갖게 하는 도구이다.

이러한 자주학습 프로그램의 효과를 높이게 하는 조직체제가 그 주변의 네 개 요소인 '스마트한 파일체계', '목적에 충실하는 습관', '문제에서 배우는 습관' 그리고 '학습촉진기구'가 된다. 그리고 가장

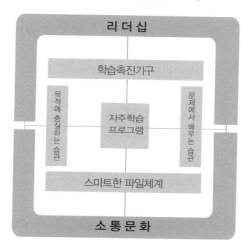

외곽에서 '리더십'과 '소통문화'가 전체를 받치는 작용을 해야 한다.

이와 같은 7개 요소가 잘 구축되고 원활히 이루어진다면 모든 조직구성원들의 학습자발성이 높아진다. 그로 인해 스스로 더 깊게, 더 넓게 학습하는 상태가 만들어져서 선순환하는 업무발전으로 이어지게 된다.

이 책에서는 이와 같은 내용들을 구체적으로 풀어갈 것이다. 이러한 체계는 쉽게 구축할 수 있는 성질의 것이 아니다. 이러한 조직을 만들기 위한 의식을 가지고 일관되게 꾸준히 노력을 해야 다른 회사들과 차별화된 학습조직을 만들 수 있다. 그렇기 때문에 학습조직이 되도록 하는 요소들에 대한 명확한 이해가 무엇보다 중요하다.

제2장 스마트한 파일체계

#파일체계와 학습

　세상이 굉장한 속도로 발전하고 있다. 이 발전에 편승하지 못하면 낙오된다 해도 과언이 아닐 것이다. 그런데 이 빠른 발전에 편승하는 데 아주 중요한 기반이 되는 것이 잘 정비된 파일체계이다. 파일(File)이라 하면 무언가를 쌓아놓는 것을 의미하는데 요즘엔 컴퓨터 내의 자료들을 일컫는 것으로 통용되고 있다. 어떤 자료든지 디지털화하여 간편하게 컴퓨터에 저장하는 시대가 되었기 때문이다.

　그런데 왜 파일체계가 이 빠른 변화의 시대에 중요한 기반이 되는 것일까? 그것은 발전에 필요한 모든 중요한 정보들이 파일에 담겨 파일체계 속에 자리잡고 있기 때문이다. 이미 정복한 원리와 이치, 중요한 노하우(Know-how), 잘 정립된 기준과 원칙 등등이 그런 것들이다. 이러한 중요한 정보들이 필요할 때 즉시 접근할 수 있도록 만들어주는 것이 바로 스마트한 파일체계이다.

　제아무리 뛰어난 사람일지라도 과거의 정보나 자료 없이 더 좋고 새로운 것을 창조해 낼 수는 없다. 어떤 발명에 실패를 거듭한 사람이 결국 성공을 하게 되는 것도 결국은 자신이 실패했던 과거의 정

36

보나 자료가 작용했기 때문에 가능한 것이다. 여기서 중요한 것은 파일의 유무가 아니다. 물론 파일이 없으면 어떤 이야기도 할 필요가 없겠으나 세상에 파일을 만들지 않으면서 일을 하는 사람은 없을 것이다. 따라서 그 파일들을 어떻게 체계적으로 잘 관리해서 필요할 때 금세 취할 수 있게 하느냐가 중요한 것이다. 누구든지 아무런 도움 없이 자신이 원하는 정보나 자료에 즉시 접근할 수 있다면 스마트한 파일체계가 구축되어 있다고 말할 수 있다.

회사라는 조직에서는 수시로 인력의 변동이 일어난다. 신입사원들이 들어오고, 조직이 변동되면서 인력의 이동이 자주 발생한다. 그럴 때마다 대두되는 것이 신입사원이나 보직이 변경된 사람들의 업무수행 능력이다. 어떻게 하면 이들을 속히 제 페이스로 일을 하게 할 수 있을까 하는 것이 가장 큰 관심사가 되는 것이다. 그래서 이들을 학습시키고 훈련시키기 위한 이런저런 시도들을 많이 하게 된다.

그런데 한 가지 분명한 사실은 이들을 학습시킬 때 반드시 그 학습내용이 담긴 자료(문서파일)를 사용한다는 것이다. 따라서 파일체계가 스마트하다면 필요한 자료를 필요한 때에 필요한 만큼 이용할 수 있게 되고, 그에 따라 업무수행 능력을 조기에 습득할 수 있게 된다. 반면에 학습할 정보가 담긴 자료를 적절히 사용할 수 없다면 학습을 제대로 할 수 없게 되어 업무수행 능력을 조기에 습득할 수 없게 된다.

이러한 학습 자료를 제대로 활용할 수 있도록 해 주는 장치가 바로 파일체계다. 학습조직을 이야기하면서 파일체계가 중요하게 대두되는 이유가 여기에 있다.

　그동안의 컨설팅 경험에 비추어 보면 거의 모든 회사들의 파일체계는 상당히 엉성하다. 다소간 정도의 차이는 있지만 대부분의 회사들은 정보보안에는 아주 많은 조치를 취하지만 스마트한 파일체계에 대한 개념은 없는 상태이다. 따라서 대부분 쌓아놓기는 열심히 하지만 활용도는 매우 떨어지는 상태로 방치하고 있다. 정도가 심한 곳은 파일이 있어도 있는 줄도 모르고 또, 어디에 들어 있는지도 알 수가 없어 있으나마나 한 상태로 되어 있다. 그마저도 공용 서버를 운영하지 않고 개인의 컴퓨터에만 축적하고 있는 곳은 이러한 증상이 더욱 심하다. 회사 차원에서 스마트한 파일체계에 대한 개념과 관념이 없기 때문에 그냥 각 개인의 성향대로 파일을 축적만 하고 있기 때문에 나타난 결과인 것이다.

　이러한 곳에 신입사원이 배치되었다고 가정해 보자. 이 신입사원은 누군가가 가르쳐 주지 않으면 배울 수 없는 상황에 처할 수밖에 없게 된다. 아무리 똑똑한 신입사원이라 할지라도 스스로 배울 수 있는 여건이 갖춰져 있지 않다면 의존적으로 움직일 수밖에 없다. 따라서 선배들이 가르쳐주는 속도가 학습 속도가 되는 것이다.

　선배들이 바쁘지 않으면 그나마 조금 나을 수 있는데 선배들이 바쁠 경우에는 아주 늦은 학습 속도를 낼 수밖에 없는 것이다. 뽑아 놓기는 아주 좋은 재목으로 뽑았는데 그 재목에 걸맞은 학습여건이 받쳐주지 못하는 상황이 되어 육성이 늦어지는 것이다. 결과적으로 사원들의 업무수행 능력이 뒤떨어지게 되고 회사의 경쟁력이 살아나지 못하는 것으로 이어지게 된다.

반면에 이 신입사원이 스마트한 파일체계를 갖추고 있는 곳에 배치된다면, 그는 누가 가르쳐주지 않아도 파일체계에 따라 원하는 자료에 얼마든지 접근할 수가 있다. 그로 인해 스스로 학습하는 것이 가능하게 된다. 스스로 습득할 수 있는 크기가 크면 클수록 업무수행 능력의 향상 속도가 빨라진다. 또 선배들 역시 가르치는 부담이 줄어들어 자기 본연의 업무에 충실할 수 있게 된다. 이러한 것들이 종합적으로 작용하여 선순환의 궤도가 형성되며 회사의 경쟁력으로 이어지는 것이다.

#스마트한 파일체계가 주는 효과

스마트한 파일체계가 주는 효과는 이러한 학습효과 외에도 여러 가지가 있다. 즉, 업무 생산성을 아주 높게 해주는 효과로서 다음과 같다.

● 업무의 출발선을 앞당겨준다

어떤 일을 할 때, 그 일이 복잡하거나 문서 작성을 많이 해야 하는 경우에 이전에 했던 문서가 있다면 훨씬 수월하게 진행된다. 즉, 이미 양식이 존재하기 때문에 다시 만들 필요가 없어지게 되고, 그 일을 수행하는 과정이 전부 들어 있으니 아주 좋은 매뉴얼이 되어 그대로 따라서 하기만 하면 된다. 또한, 동일한 내용은 다시 작성할 필요 없이 그대로 사용할 수 있게 된다. 그리고 이보다 더 중요하고 가치 있는 것은 과거의 경험에서 얻은 노하우를 시행착오 없이 얻게 되어 그만큼 시간과 노력을 벌게 되는 것이다.

이와 같이 이전의 자료가 잘 관리되고 있으면 그것이 활용되는 만큼 출발선이 앞당겨지는 효과를 얻게 된다. 쉽게 설명하자면 100m 달리기를 하는데 이미 50m 앞에서 출발하는 것과 같은 효과라 할 수 있다.

동일한 업무를 함에 있어서 출발선이 이만큼 앞에 있다면 이는 보나마나 무난히 이기게 될 것이다. 우리가 업무를 하는 데 있어 이러한 효과는 예리한 심미안으로 살펴보지 않으면 간파하기 어려운 효과이다. 보통은 생각도 못하는 상황으로 지나치고 말 것이다. 하지만 이전에 만들었던 자료들이 잘 구비되어 있다면 업무 생산성에는 대단히 큰 도움이 된다.

시장선점을 해야 하는 중요한 기술개발 업무나 촌각을 다투는 중요한 업무에 있어서는 그 무엇으로도 얻을 수 없는 매우 중요한 효과가 되는 것이다. 어떤 일이든 적은 노력으로 빨리 완수한다는 것은 회사에 큰 경쟁력으로 이어진다. 파일체계를 스마트하게 만들어 관리하면 이러한 굉장한 효과를 자연스럽고도 손쉽게 얻을 수 있게 된다.

● 자료의 불필요한 전달이나 인쇄가 줄어든다

회사에서는 통상적으로 중요한 일일수록 그것에 관련된 정보를 전달해야 하는 경우가 많이 생긴다. 특히 상사가 중요한 회의에 들어가게 되거나 더 높은 사람에게 보고를 해야 하는 경우 실무 담당자는 상사를 위한 자료의 가공에서부터 전달까지 꽤 많은 시간을 할애하게 된다. 심한 경우에는 하루 종일 보고서 작성과 전달만을 위해 시간을 보내는 경우도 발생한다. 더 심한 경우에는 동일한 보고서를 며칠 지난 뒤에 다시 인쇄하거나 전송하는 일도 생긴다.

이러한 불합리한 상황의 시작은 파일체계가 스마트하지 못한 데서 비롯되는 것이다. 파일체계가 스마트하면 상사가 스스로 파악할 수 있는 범위와 깊이가 확보된다. 언제나 공유되고 얼마든지 손쉽게 접근할 수 있기 때문이다. 이러한 상황의 정도는 상사의 성향과 자질에 따라 차이가 나지만 그래도 파일체계가 스마트하다면 실무 담당자의 손을 상당 부분 덜 수 있게 된다. 또한 실무 담당자가 자리를 비우더라도 필요한 자료를 누구나 금세 찾을 수 있어 시간이 낭비되는 일이 발생하지 않게 되는 효과도 있다. 자료의 불필요한 전달이나 인쇄가 적으면 적을수록 성숙도가 높은 조직이라 할 수 있다. 효율성을 갖춘 조직은 스마트한 파일체계로부터 비롯된다.

● 기술의 축적과 발전이 촉진된다

기술은 어떤 것이 되었든 단번에 완성되거나 도입되는 경우는 없다. 지속적인 시행착오를 거듭하면서 순간순간 단편적으로 얻어지는 작은 노하우들이 체계적으로 연결되면서 집대성이 되면 마침내 기술로 정착되는 것이다. 그런데 보통은 수많은 시행착오를 통해 많은 단편적인 노하우들이 얻어지는데 이를 체계적으로 엮어내지 못해 완성된 기술로 집대성시키는 데 상당한 시간이 걸리거나 이뤄내지 못하는 경우가 많다. 기술의 규모가 커서 복잡한 구성으로 이루어지는 기술이라면 더욱 그렇다. 게다가 많은 사람들이 각각 다른 분야로 나누어서 담당하는 경우라면 이러한 현상이 더욱 심해진다.

어떤 시도를 했을 때 그 시도가 성공을 하든 실패를 하든 그것은 전부 노하우라 할 수 있다. 성공한 시도에서 얻은 노하우는 말할 것도 없이 도움이 되는 것이기에 필요하고, 실패한 시도에서 얻은 노하우는 다시 그런 실패를 하지 않을 수 있게 하면서 성공의 실마리를 제공할 수 있기에 필요한 것이다. 이러한 것들이 전부 파일로 만들어진다. 이 파일들을 체계 없이 여기저기에 산만하게 저장해 놓을 경우 그냥 저장된 파일에 불과하다. 그러나 이 파일들을 체계적으로 디렉토리를 만들어 저장해 놓으면 자료 상호간에 연결성이 작용해 기술적인 가치가 훨씬 높아진다.

스마트하게 체계적인 공간이 만들어지면 사람들은 자신들이 만드는 자료가 어디에 들어갈 것인지를 알게 되어 자연스럽게 자신들이 만든 자료를 그 체계 속에 저장하게 된다. 이렇게 되는 것이 기술의 축적이다. 또한 체계적으로 축적되기 시작하면 자신이 만든 것은 물론 다른 사람들이 만든 자료까지도 참고하고 응용할 수 있는 상황이 되면서 혼자만의 힘으로는 가능하지 않았던 아이디어의 창조로 이어지게 된다. 이런 것이 기술의 발전이다. 우수한 학습조직을 만들기 위해서는 이와 같은 스마트한 파일체계를 빼놓을 수 없다.

● 벡터의 일치도가 높아진다

벡터는 물리학 용어로서 방향을 가진 힘을 말하는데 여기서는 조직 구성원 개개인을 의미한다. 또 일치도가 높아진다는 말은 각 구성원들이 공동의 동일 목적을 위해 일하고 있는 상태를 뜻한다. 조직의 구성원들이 각각 수행하는 업무는 유기적인 관계 속에서 긴밀히 연결되어 있기 때문에 동일한 목적의식을 가지고 움직여야 회사가 추구하고자 하는 바를 달성하기가 용이해지는 것이다.

회사 내의 각종 자료나 정보가 파일체계 속에 잘 정비되어 있으면 그 자료나 정보의 공유도가 높아지게 된다. 파일체계가 스마트하면 할수록 공유도는 더 높아지게 된다. 공유도가 높아진다는 것은 커뮤니케이션이 잘 되었다는 것과도 통한다. 직접적인 의사소통 시도를 하지도 않았지만 오직 자료의 공유만으로 상당한 커뮤니케이션 효과를 얻게 되는 것이다.

지금 우리 조직에 무슨 일이 일어나고 있는지, 나 이외의 다른 사람들은 무슨 일을 하고 있는지, 그러한 것들의 현 상황은 어떤지, 내 일에 유익한 정보는 무엇인지 등을 파악하게 되면서 스스로 자신이 무엇을 어떻게 해야 할지 조율해 가는 현상이 일어나는 것이다. 이러한 현상은 누군가의 지시나 압력으로 얻어낼 수가 없는 정말 값진 현상이 될 것이다. 이렇게 될 때 비로소 벡터의 일치도가 높다고 이야기할 수 있다. 제아무리 유능한 개인들이 모여 있는 조직이라 할지라도 벡터가 일치되지 않으면 힘의 분산과 손실이 커져 총체적으로 부실한 결과를 초래하고 만다. 스마트한 파일체계가 벡터의 일치를 이루는데 결정적인 작용을 하게 된다.

● 전체적인 시너지가 생긴다

각 조직 구성원들이 서로 자료를 충분히 공유하게 되면 상호간에 부족한 부분을 채울 수 있는 아이디어를 얻게 된다. 그로 인해 전체적으로 그리고 종합적으로 수준이 향상되는 결과를 낳을 수 있게 된다. 혼자서는 처리할 수 없는 일들이 이곳저곳에서 일어나게 된다.

아이디어를 그대로 가져다 사용하기도 하고, 어떤 실마리를 얻어 아이디어를 창조해 내기도 하고, 전혀 생각지도 않았던 연결이 이루어져서 큰 효과로 이어지기도 한다. 이러한 것을 가리켜 시너지가 생긴다고 한다. 스마트한 파일체계로 이러한 시너지가 가능하게 되는 것이다.

#어떤 것이 스마트한 파일체계인가?

파일체계를 잘 구축한다는 것은 다음과 같은 기능을 하도록 설계하는 것이다. 즉, 누구든 자신이 만들거나 취득한 자료파일을 어디에 저장해야 하는지 쉽게 알 수 있어야 한다는 것, 그리고 누구든 원하는 파일을 아무런 도움 없이 쉽게 찾을 수 있어야 한다는 두 가지이다.

파일체계의 궁극적인 목적은 기술의 축적과 활용을 최대화하는 것이다. 따라서 파일이 생성되면 적확한 위치에 일관되게 저장이 되게 하는 것과 이를 쉽게 찾아서 볼 수 있게 하는 것이 가장 중요하다. 그런데 이러한 파일체계의 2대 기능을 살리기 위해서는 다음과 같은 조건을 기본적으로 갖추어야 한다.

● 업무체계 = 기술체계 = 파일체계의 3위1체의 모습이어야 한다

업무체계와 기술체계 그리고 파일체계가 서로 다르지 않은, 동일

한 것으로서 3위1체의 모습을 이루고 있어야 한다. 이러한 모습을 갖출 때 비로소 스마트한 파일체계가 만들어졌다고 할 수 있을 정도로 이 사항이 가장 중요하다. 파일체계를 스마트하게 만드는 것은 곧 업무 자체를 있는 그대로 파일체계로 만드는 것으로 보면 된다. 그래야 업무를 수행하면서 자연스럽게 자료가 파일링이 될 수 있기 때문이다. 이렇게 된다면 결국 해당조직의 기술이 자동으로 축적되는 기술체계가 되는 것이다.

그런데 실제로 업무를 수행하는 현장에서 이렇게 3위1체가 되는 파일체계를 유지하고 있는 곳을 찾아보기 어렵다. 그런 관점을 갖고 파일링을 하는 사람들이 거의 없기 때문이다. 기술력의 증진이 중요하다고 열심히 강조하면서 가장 기초가 되면서도 중요한 파일체계는 엉성하게 유지하는 것이 일반적이다.

파일체계가 스마트하면 기술의 축적과 증진에 큰 도움이 된다. 그러나 그것은 무의식중에 진행되는 것이어서 정말 예리한 관찰력을 지닌 사람이 아니라면 간파하기 어려울 것이다. 공식적으로 증명해 보여줄 수 있는 것이 아니기 때문이다. 그러나 동일한 조건이라면 파일체계가 스마트한 쪽이 훨씬 업무 경쟁력과 기술 경쟁력이 높아진다. 그 이유는 앞에서 이미 거론한 바 있다.

● 관리원칙에 의해 항상 최선의 상태를 유지하고 있어야 한다

스마트하게 설계를 하여 구축해 놓은 파일체계라 할지라도 유지

46

관리 없이 스마트한 상태를 지속할 수는 없다. 사람들이 일하는 환경은 수시로 변화하고 변동이 발생하기 때문에 이와 더불어 파일도 계속 변화 변동하는 가운데 계속 생성된다. 따라서 이를 생명력 있게 관리하기 위해서는 내부적으로 모두가 공유하는 관리원칙을 정하여 누구나 이 원칙대로 파일을 관리해야 된다. 이러한 원칙은 전원이 참여한 가운데 세밀하게 정하고 공유하는 것이 최대의 효과를 낼 수 있게 된다.

즉, 스스로 정하고 스스로 지키는 가운데 자연스럽게 최선의 파일체계가 만들어지는 것이다. 이러한 관리원칙에 대해서는 다음 장에서 좀 더 상세하게 다루기로 한다.

● 변화하는 상황을 즉시 수용해 항상 파일체계를 유지해야 한다

파일체계가 스마트하다는 것은 얼마나 신속하게 변화를 수용하는 가에도 달려 있다. 상황이 변화한 지 한참 지난 뒤에 파일체계를 수정하게 된다면 이미 상당 부분의 자료들이 적확한 자리를 잡지 못하고 엉뚱하거나 어설픈 곳에 저장되고 말 것이다. 이러한 것을 파일링의 노이즈라고 말할 수 있다. 이러한 노이즈가 많아지면 많아질수록 스마트한 파일체계로부터 멀어지게 되는 것이다.

아무리 좋은 설계와 관리원칙을 가졌다 하더라도 실행의 즉시성이 없다면 소용이 없다. 물론 변화가 발생하면 즉시 원칙대로 수정한다는 관리 원칙을 정해 수행하기 때문에 위에 거론한 사항에 포함

되는 이야기일 수 있지만 너무 중요한 사항이라 강조하기 위해 짚고 넘어가는 것이다.

#스마트한 파일체계를 위한 관리원칙

아무런 규정이나 규칙도 없는데 저절로 질서 있게 운영되는 시스템은 없다. 질서 있고 원활하게 운영되는 시스템 속에는 반드시 그것과 관련이 있는 사람들 모두가 지켜야만 하는 원칙이 있다. 스마트한 파일체계도 마찬가지다.

잘 설계된 파일체계가 설계된 대로 유지되기 위해서는 그 파일체계를 사용하는 사람들이 반드시 지켜야만 하는 관리원칙을 정하고 지키는 것이 필요하다. 역으로 이야기하면 이러한 관리원칙이 없는 곳에서는 파일체계가 종사하는 사람의 수만큼 제각각 다른 모습으로 나타나 그야말로 엉망으로 자료관리가 되고 있을 것이다.

스마트한 파일체계를 위한 관리원칙에 확고하게 정해진 것은 없다. 각각의 조직 상황과 처지에 맞게 내부적으로 정해 파일체계의 목적을 살리기만 하면 된다.

기본적으로 세워야 할 원칙으로는 파일 명명원칙, 폴더 명명원칙, 파일체계 유지관리원칙 등을 들 수가 있다.

● 파일 명명원칙(예)

- 파일명은 그 이름만 봐도 어떤 내용인지 알 수 있도록 짓는다.
- 명칭의 바로 뒤에 한 칸을 떼어 작성자의 이름을 붙인다.
- 작성자 이름 뒤에 한 칸을 떼어 작성일을 '180221'와 같은 식으로 붙인다.

예) 파일 명명원칙 김영인 180221 ('파일 명명원칙'이 담긴 파일로서 '김영인'이 '2018년 2월 21일'에 작성한 파일이란 뜻)

● 폴더 명명원칙(예)

- 폴더명은 그 이름 속에 어떤 내용이 들어 있을지가 예측 가능한 명칭을 부여한다.
- 폴더의 체계적 순서를 유지하기 위하여 폴더명 앞에 일련번호를 매긴다.
- 최하단의 폴더에는 해당 폴더의 관리책임자를 폴더명 뒤에 한 칸 떼어서 붙인다.

예) 2 부서규정 김영인 ('두 번째' 폴더로서 '부서규정'에 해당되는 내용을 담고 있고, 관리책임자는 '김영인'이란 뜻)

● 파일체계 유지관리원칙(예)

- 모든 파일은 공용서버에만 저장한다.
- 부서 내의 정해진 파일체계를 철저히 준수하여 저장한다.
- 문서나 자료는 생성 즉시 저장한다.
- 개인 PC에는 개인적인 자료 외에는 어떤 것도 보관하지 않는다.
- 파일체계의 전체적인 책임자를 선정하여 총괄하게 하고 각각의 폴더별로 책임 관리자를 임명하여 관리한다.
- 총괄책임자는 파일체계상의 변동이 발생하면 즉시 그 체계 변경을 주도한다.
- 파일체계를 변경할 때는 전원이 모여 결정한다.
- 인원의 변동이 발생하면 즉시 관리책임자를 수정한다.
- 폴더 관리책임자는 정해진 대로 파일이 관리되고 있는지 모니터하고 피드백한다.
- 회사의 보안규정을 준수하여 관리한다.

이상과 같이 소개한 예는 어느 곳에서든 무리없이 활용될 수 있다. 여기에 각각의 특별한 상황에 맞게 내용을 가감하여 자신들만의 것으로 만들어 적용하면 된다. 이러한 관리원칙이 있는 것과 없는 것은 그 결과에서 차이를 보이게 된다. 관리원칙을 정해두면 아주 적은 노력으로 대단히 큰 효과를 볼 수 있다.

#파일2S 방법

파일체계를 스마트하게 구축하는 것은 생각만큼 간단하지는 않다. 대부분의 회사나 조직들은 이미 오랜 기간 동안 제각각의 형태로 자리를 잡고 있기 때문이다. 역사가 깊은 조직일수록 파일체계가 거의 고착된 상태가 되어 불편한 점이 있어도 고치기가 쉽지 않다. 하나를 건드리면 다른 것이 연계되어 일이 감당하기 힘들 만큼 복잡해지기 때문이다. 사람이 많은 조직일수록 그런 현상은 더 심해진다. 다른 사람과의 연관성이 일을 더 복잡하게 만들기 때문이다. 그래서 스마트한 파일체계를 만들려면 전체를 뒤집어 새로 짜는 방식으로 접근해야 한다. 이러한 활동을 파일2S라 한다.

2S란 정리정돈의 줄임말을 영문자로 표시한 것이다. 그 활동과 용어가 일본에서 시작되어 정리는 '세이리', 정돈은 '세이돈'으로 발음하기 때문에 그것을 발음하는 대로 영어로 표시하고 그 첫 자가 다 S로 시작되므로 2S(투에스)라고 부르게 된 것이다. 파일2S를 하는 방법은 크게 다음의 순서를 따른다.

- 불필요한 파일 버리기
- 파일체계 설계
- 파일 관리원칙 설정
- 역할분담
- 실행계획 수립 및 실행

이와 같은 순서를 반드시 지켜야 한다는 것은 아니다. 이런 흐름으로 진행되어야 순조롭고 시행착오를 최소화할 수 있다는 것을 경험을 통해 깨달았기 때문이다. 여러 가지 경우와 상황에 따라 순서는 얼마든지 달라질 수 있다. 그러나 특별한 경우가 아니라면 이 순서를 벗어날 일은 거의 없으리라 생각한다.

● **불필요한 파일 버리기**

파일2S를 시행하지 않은 곳에서는 거의 대부분의 사람들이 불필요한 파일들을 50% 이상 간직하고 있다. 그 유형을 보면 대체로 다음과 같다.

가장 많은 유형은 파일을 업데이트하고도 이전의 파일들을 그대로 보관하고 있는 것이다. 바로 이전의 것만 보관해도 아무런 문제가 없는데도 1년치 이상을 가져가거나 아예 신경도 쓰지 않아 계속 쌓이기만 한다. 또 관리체계가 부실할 경우, 같은 부서 내에서 다른 사람이 만든 것을 전원이 다 보관하는 경우도 많다. 언젠가는 내게 필요할 수도 있는데 내 PC에서 직접 관리하지 않으면 필요할 때 사용할 수 없다는 생각 때문에 직접 보관하길 원하는 마음에서 비롯되는 현상이다. 또 업무적인 소통 때문에 주고받는 파일들이 이중삼중 혹은 그 이상으로 중복되어 보관되는 경우도 있다.

체계가 스마트하지 않을 경우에는 서로 다른 폴더에 중복해서 보관하는 사례도 많다. 또한 애매하게 언젠가는 쓸모가 있을 것이란 생각으로 가지고 있는 파일들도 많다. 그 외에도 개인적으로 보관하려는 욕구에 의해 잔뜩 보관하고 있는 경우도 있다.

파일2S를 시행할 때 이러한 불필요한 파일들을 먼저 없애고 실행에 착수하지 않으면 너무 많은 파일들로 인해 불편한 상황이 발생하게 된다. 헛수고를 하게 되는 것이다. 파일들을 일일이 확인하고 제 폴더에 옮겨 넣어야 하는데 불필요한 파일들로 인해 그런 헛수고를 하는 것은 바보 같은 짓이다. 그래서 가장 먼저 불필요한 파일을 버리는 일부터 해야만 한다.

파일2S를 시행하는 것은 공용서버를 이용해 하나의 체계로 동일 조직원들이 일관되게 사용하는 상태로 만드는 것이기 때문에 개인적인 이해관계보다 회사나 조직의 목적에만 초점을 두고 설계해야 한다. 따라서 불필요한지 아닌지를 판단하는 기준도 이와 동일한 맥락으로 세워야 한다. 즉, 회사와 관련된 파일이라면 철저히 파일체계 속에서 수용하여 관리되도록 해야 하며 개인적으로는 일체 보관하지 않아야 한다.

순수한 개인 파일들은 아무런 관계없이 그냥 개인에게 맡기면 된다. 즉, 개인적인 메일이라든지, 어학 학습자료라든지, 개인의 사진 혹은 개인정보가 담긴 파일 등은 회사나 조직과 전혀 상관이 없기 때문에 그냥 소유자 개개인이 알아서 관리하면 되는 것이다. 경험에 의하면, 이런 관점으로 접근했을 때 절반 이상의 파일을 버리게 되는 경우가 대부분이었다.

파일2S가 완료되면 각 개인의 PC 속에는 순전히 개인적인 파일들만 남게 되고 회사와 관련된 파일들은 전부 공용서버로 옮겨져 관리된다. 따라서 애매한 미련을 가지고 불필요한 파일을 버리지 못할 경우에는 그 다음 순서에 큰 부담으로 작용하기 때문에 처음부터 버리는 것을 잘 해야 한다.

보통은 파일2S를 최소의 조직 단위로 시행하게 되는데 가장 걸림돌이 되는 사람이 바로 그 조직의 장이다. 오랫동안 일을 해오면서 간직하게 된 파일의 양도 가장 많은데다가 체계 없이 그냥 축적을 하는 식으로 관리하고 있었기 때문에 어떻게 처리해야 할지 엄두가 나지 않는 경우가 대부분이다. 각각의 파일을 버려야 하는 것인지 아닌지도 한참 고민해야 하고, 그 양도 많아서 시간은 시간대로 걸리고 더구나 자기 PC를 부하직원이나 다른 사람에게 해달라고 할 수도 없는 상황이 되다 보니 그렇다. 그래서 이러한 파일체계를 스마트하게 만들어 학습효과를 높이는 데는 상사의 솔선수범이 가장 중요하게 작용한다.

● 파일체계의 설계

불필요한 파일을 전부 버리고 난 다음에는 남아 있는 필요한 파일들을 어떤 체계로 관리할 것인가를 설계한다. 이때의 초점은 '파일을 찾을 때 쉽게 찾을 수 있도록 하는 것'이다. 검색기능이나 다른 방법을 사용하지 않고 단지 체계만 따라 원하는 파일을 빠른 속도로 찾을 수 있도록 하지 않으면 파일체계의 기능을 다하지 못하게 된다. 여기에서 가장 핵심적인 요소가 바로 앞에서도 언급했던 파일체계=업무체계=기술체계의 3위1체 체계가 되는 것이다. 따라서 파일체계를 설계할 때는 업무체계 대로 설계하는 것이 가장 중요하다.

그런데 이 작업은 간단하지가 않다. 3위1체의 파일체계를 설계하는 데 방해가 되는 요인들을 먼저 알아보도록 한다.

가장 범하기 쉬운 오류는 집어넣기 쉬운 체계를 만드는 것이다. 즉, 어떤 파일을 만들면 그 파일을 보관할 때 손쉽게 접근할 수 있도록 체계를 만들어서 넣는 것인데, 체계가 스마트하게 분화되지 않고 단순하게 나열이 되어 있다면 어려움을 겪게 된다. 즉, 어떤 가문의 족보를 정리하는데 항렬을 무시하고 나열을 하는 식으로 정리해서 정확한 서열을 가릴 수 없게 하는 것과 다를 바가 없다.

그 다음으로 많은 것은 '무슨무슨 회의'로 구별하여 폴더체계를 만드는 경우다. '무슨무슨 회의'라는 것은 목적이 아니라 수단이다. 그런데 그런 이름으로 폴더를 만들어 놓고 자료를 보관하게 되면 나중에 필요한 자료를 찾으려 할 때 일일이 파일들을 열어서 확인을 해야만 하는 어려움을 겪게 된다. 업무체계로 풀어봐도 '무슨무슨 회의'라는 업무는 적절하지 않다. 회의는 업무가 아니다 업무를 잘 하도록 하기 위한 수단에 불과한 것이다. 그런 수단에 불과한 것이 폴더 명으로 관리된다는 것은 파일체계가 스마트하지 않다는 것이다.

또 다른 예로 사람의 이름으로 폴더를 정하는 경우가 있다. 이것도 업무체계를 바탕으로 설계한 것이 아니다. 사람은 수시로 변동이 있기 마련이다. 퇴직, 전환배치, 업무변경 등으로 변동이 일어나는데 사람의 이름으로 폴더를 정해 놓으면 그 때마다 보수해야만 하는 번거로움이 뒤따른다. 더구나 다른 사람이 필요한 자료를 찾을 때 사람의 이름으로 되어 있는 폴더를 보고 어디로 들어가야 할지 알 길이 없게 된다.

스마트한 파일체계를 이해하기 가장 쉬운 방법은 족보체계와 비교해 보는 것이다. 이는 상하의 관계가 철저히 한 단계씩 유지되면서 차곡차곡 펼쳐지는 것이 생명이다. 파일체계도 마찬가지다. 최상의 단계에서 철저히 한 단계씩 분화시켜 차곡차곡 전개해 펼치면 되는 것이다. 그런데 경험에 비추어 보면 이 부분에서 착오를 일으키는 경우가 많다. 따라서 파일체계를 설계할 때는 모두가 둘러앉아 위에 설명한 기본개념을 잘 이해한 후 토론을 통해 구체화하는 것이 가장 스마트한 결과를 얻게 될 가능성이 크다. 그러므로 이러한 과정은 반드시 지켜져야 하는 것들이다.

파일체계 설계 시에 몇 가지의 고정된 폴더를 최상위의 체계에 놓으면 도움이 되는 것들이 있다.

제일 먼저 만들어야 할 폴더는 'Mission과 Goal'이라는 폴더이다. 이는 해당 조직의 업무 목적에 해당되는 것으로 파일의 양이 아주 적다 해도 분명하게 구별하여 모두가 정확하게 인식할 수 있어야 한다. 이는 조직원들이 자신들이 무엇을 위해 일을 하고 있는지를 잊지 않게 하는데 아주 큰 도움을 주는 방법이다.

그 다음에는 'Rule'이라는 폴더를 만든다. 여기에는 그 조직원이라면 지켜야 하는 모든 규정이나 원칙, 약속 등을 전부 넣어 두는 폴더이다. 누구든지 그 조직에 들어오면 필수적으로 숙지해야 하는 내용이 담긴 폴더이다. 이는 질서 있고 자율적인 조직생활과 업무수행에 아주 큰 도움을 주는 기능을 하게 된다. 모든 사람들이 규정을 어기거나 약속을 지키지 않는 일이 발생하지 않도록 하기 위해서이다.

그 다음은 'Trend' 폴더이다. Trend라 함은 해당조직의 목표가 달성되고 있는지, 혹은 자신들이 하고 있는 일이 잘 되고 있는지를 알수 있는 그래프를 뜻한다. 보통의 회사라면 이 이야기가 무슨 이야기인지 금세 알아챌 수 있을 것이다. 만일에 이러한 것이 없거나 뭔지도 모르는 조직이라면 목표가 없든지 목적의식 없이 그냥 타성적으로 움직이는 조직일 가능성이 크다. 힘이 들더라도 반드시 이러한 Trend를 보면서 일을 하도록 해야 눈을 밝게 하고 길을 가는 것과 같은 효과가 나게 된다. 그래서 아예 그런 것을 관리하는 폴더를 만들어 적극적으로 자신들의 눈을 밝게 만들도록 하면 조직과 업무를 활성화시키는데 순기능을 하게 된다.

마지막으로 '계획서' 폴더가 필요하다. 어느 조직이고 업무를 함에 있어 계획 없이 하지는 않을 것이다. 계획서는 무엇을 누가 언제까지 어떻게 할 것인가를 정리한 일정표다. 해당 조직의 모든 계획서를 '계획서' 폴더에 넣어두고 매일 혹은 매주 그것을 열어 관리하는 것이 업무수행을 하는 데 아주 기본적인 모습이 되는 것이다. 이런 식으로 운영을 하면 일의 성취도도 올라가고 기간도 단축되면서 조직원 모두가 활기찬 모습으로 바뀌게 된다.

그동안 컨설팅을 했던 회사들은 모든 단위조직에서 이러한 식으로 파일체계를 정해 운영했는데 그 효과가 매우 컸다. 위에 열거한 네 가지 폴더는 반드시 기본폴더로 설치하고 그 다음부터는 각자의 업무 특성에 맞는 파일체계 즉, 자신들의 고유체계를 만들면 된다. 파일체계 설계는 '엑셀'을 이용하여 작업하는 것이 가장 좋다.

● 관리원칙의 설정

파일체계를 설계한 후에 해야 할 일은 관리원칙을 설정하는 것이다. 이 부분에 대한 내용은 앞장에서 소개했으므로 여기서는 간략히 짚고 넘어간다. 관리원칙은 모든 관계된 구성원들이 한결같이 지켜야 하는 것을 뜻한다. 따라서 모두가 합의된 관리원칙이 되는 것이 중요하다. 앞에서 소개했듯이 '파일명명 원칙', '폴더명명 원칙',

58

'파일체계 유지관리 원칙' 등이 있는데 이러한 것들을 정할 때 모두가 모여 토론을 거쳐 합의된 것을 만들어내는 것이 중요하다. 그래야 모든 사람들이 그 원칙의 중요성을 공감하고, 또 스스로 세운 원칙이기 때문에 지키려는 의식도 강해지고 잘 지켜지기 때문이다. 구성원들 모두가 스스로 주인의식을 갖도록 하는 방법 중의 하나는 이처럼 의사결정에 참여시키는 것이다.

물론 이런 과정을 거쳐 원칙들이 정해져 있어도 허점이 있을 수 있다. 더 보강해야 할 부분이 발견될 것이고, 상황에 따라 지키지 않는 경우도 발생하게 된다. 이런 것도 즉시즉시 처리를 하는 조직이 되어야 성숙한 조직이고 악순환의 궤도가 만들어지지 않게 된다. 이러한 상황이 벌어지게 될 때 순간순간 그 맥을 잡아 조치가 되도록 하는 것이 리더십의 몫이 될 것이다.

리더에게는 일을 챙기는 것이 아니라 일하는 방법이나 체계를 바람직하게 만들어주는 것이 주 임무가 되어야 한다. 그러한 리더가 지속적으로 맥을 잡으며 이끌어 갈 때 비로소 조직습관이 만들어져서 저절로 움직이는 상태가 된다. 따라서 리더의 입장에서 관리원칙을 정하고 지키게 하는 것은 매우 중요한 일이다. 이것이 학습조직을 만드는 핵심이라 할 수 있다.

● 역할분담

파일체계를 정비하는 일은 결코 쉬운 일이 아니다. 체계를 스마트하게 설계하는 것도 어렵지만 설계한 후에 설계된 대로 모든 파일들을 옮기고 제목을 수정하는 등의 작업을 하는 것은 엄청난 양의 일이 되기 때문이다. 오래된 조직일수록 그리고 규모가 클수록 그 일의 양이 커서 엄두가 나지 않는 경우도 있다.

경험에 비추어 보면 거의 모든 조직들이 대동소이했다. 그만큼 학습조직의 기반이 약했다고 볼 수 있다. 그런데 이런 상황에서 파일체계를 정비하자고 하면 습관적으로 누구 한 사람을 지정해 알아서 다 하라는 식으로 진행하려고 한다. 그것도 심한 경우에는 가장 일이 적은 신입사원이나 역량이 조금 못 미치는 사람에게 맡긴다. 이런 경우에는 보나마나 시간은 시간대로 걸리고 제대로 된 결과를 기대하기 어렵다. 더구나 파일체계가 정비되기 전에는 모든 파일이 각개인의 PC 속에 들어 있기 때문에 제아무리 유능한 사람이라도 혼자서는 감당하기가 어려운 실정이기 때문에 더욱 그렇다.

이럴 경우에 가장 필요하고 유용한 방법은 전원참여의 역할분담이다. 이런 종류의 일은 혼자서는 불가능하지만 전원이 참여하면 쉽게 해결된다. 구성원 각자가 각각의 업무와 관련된 파일의 정비를 책임지게 하는 것이 가장 좋은 방법이다.

대부분의 사람들은 이러한 파일 정비 작업 없이 오랜 시간을 지나오면서 지금까지 해 오던 대로의 방식에 익숙해져서 처음에는 대체로 거부반응을 보인다. 파일을 정비한다고 해서 당장 업무성과가 오르는 것도 아니고, 또 안 한다고 해서 당장 어떤 문제가 생기는 것도 아니기 때문에 더욱 그렇다.

파일체계가 스마트하면 거기서 얻을 수 있는 학습효과나 편리성에 등에 대한 깊은 통찰이 없기 때문이다. 당장 해결해야 할 일만으로도 충분히 바쁜데 파일정비를 하라고 하면 마음속으로 내키지 않아 하는 것이다. 그래서 그냥 '잘 하자'는 식으로 적당히 추진하면 제대로 진행이 되질 않는다.

역할분담은 이런 경우에 꼭 필요하다. 확실한 책임의식을 갖게 해서 자발적으로 뛰어들게 만드는데 있어 개인별로 책임영역을 명확히 부여하는 것이 가장 큰 도움이 될 것이다.

역할분담은 그리 많은 시간이 필요한 일이 아니다. 관리자가 정해주거나 모두가 모여 합의로 정할 수 있는 간단한 일이다. 그런데 파일체계를 정비하는 실행력이 이 역할분담에서 나오기 때문에 중요하게 언급하는 것이다. 각 구성원이 모두 책임의식을 갖지 않으면 자발적으로 참여를 하지 않게 되어 진도가 늦어지게 된다. 결국은 이때의 역할분담이 유지관리 담당으로 이어지게 되므로 역할분담을 확실히 하고 정비에 참여토록 하는 것은 매우 중요하다.

● 실행계획의 수립 및 실행

지금까지는 실행에 옮기기 위한 준비 작업을 한 것이다. 이제 본격적으로 설계한 대로 모든 파일들을 정비해야 하는데 이 때 꼭 필요한 것이 실행계획이다.

실행계획을 수립하는 것은 앞에서 엑셀 시트로 만든 파일체계를 좌측에 놓고 우측으로 담당자(역할분담자), 계획일, 실행일 등을 추가시켜 주면 되는 것이다. 이러한 실행계획을 만들고 관리하는 것은 역할분담자 중에서 주도적으로 이끌어갈 역량이 있는 사람에게 맡기는 것이 좋다. 관리자가 직접 해도 좋다. 보통은 주 단위로 이 계획서를 가지고 확인을 하면서 실행을 추진한다. 즉, 계획서를 관리표로 활용하면서 주기적으로 점검하고 지도하고 지시하는 것이 반드시 필요하다. 이러한 실행계획서는 실행력을 증진시켜 스마트한 파일체계의 완성을 앞당기게 될 것이다.

앞에서도 언급한 바 있지만 이러한 일은 '급한 일'에 해당되는 것이 아니기 때문에 자율적으로는 잘 이루어지지 않는다. 그래서 강한 구속력과 추진력으로 이끌어야만 진척이 되는 성격의 일이다. 머리로는 좋은 줄 알지만 정작 몸은 따르지 않는 그런 성격의 일이다. 그래서 실행계획서를 확실히 만들어 매주 혹은 매일 체크하면서 한 사람 한 사람이 자신의 책임 영역을 제대로 실행에 옮기도록 하는 것이 반드시 필요하다.

이렇게 노력을 들여 스마트한 파일체계를 만들어 놓으면 그 다음에는 유지관리가 중요하게 된다. 그런데 파일체계가 스마트하면 그것을 사용하는 모든 사람들의 편리성이 향상되기 때문에 스스로 그것을 지켜야 하겠다는 마음이 들게 되어 있다. 그러나 여러 사람이 사용하는 체계이므로 틀림없이 정해진 원칙을 지키지 않는 경우가 발생하게 된다. 그리고 상황의 변동으로 체계상의 변경도 발생하게 된다. 원칙을 고쳐야 하는 일도 생길 것이다. 역할분담을 수정하는 일도 생길 것이다. 이러한 것들이 잘 지켜지고 즉시즉시 고쳐지도록 하는 것이 매우 중요하다. 바로 이런 부분에서 하나의 단위 조직을 책임지고 있는 리더의 리더십이 중요하게 작용해야 한다.

마지막으로 정리를 해 보면, 지금까지 진행해 오면서 만든 파일들 즉, '파일명명 원칙', '폴더명명 원칙', '파일체계 유지관리 원칙', '파일체계', '역할분담' 등은 앞에 기본폴더로 만든 'Rule' 폴더에 들어가야 하고, '파일2S 실행계획'은 '계획서' 폴더에 들어가면 된다.

제3장 목적에 충실해지는 습관(Y-Cycle)

#목적에 충실하다는 것은?

목적이란 말을 모르는 사람은 없을 것이다. 목적이란 어떤 행위를 하는데 있어 이루고자 하는 것을 뜻한다. 원래 의도했던 뜻을 의미하기도 한다. 그런데 현실적으로는 목적을 상실한 채 움직이는 경우들이 너무나 많이 존재한다.

공부가 목적인 학생들이 주어진 과목을 충실히 습득하기보다 시험점수나 학점을 받기 위한 공부를 한다든지, 회사에서 개선활동을 하는데 참된 원인을 규명하고 개선안을 도출해 내는 것보다 주어진 절차에 따라 했다는 근거만을 남기기 위해 애를 쓴다든지, 계획서를 작성해야 하는데 일을 빈틈없이 잘 하려는 의미가 아닌 자신이 어떤 일을 했다는 것을 보여주기 위해 이미 지나간 일들을 나열한다든지, 제안이나 특허를 내는 목적이 제품의 경쟁력을 제고하자는 것인데 그것과 상관없이 평가요건만 갖춰 건수만 늘리려고 한다든지, 엔지니어가 자신의 목표를 수립하는데 불량분석 건수를 많이 작성하겠다고 수립하여 불량을 줄이는 것보다 불량에 대한 보고서 작성에 치중한다든지, 교수가 자신의 연구실적을 증진하기보다는 논문 건수

올리기에 급급하여 표절을 한다든지, 어떤 양식이 주어지면 그 양식이 요구하는 본질을 무시하고 칸 채우기만 한다든지, 학교에서 숙제를 내주면 그 숙제에 대해 공부를 하라는 것인데 어디서 보고 베낀다든지 등등.

우리 주변만 둘러봐도 너무나도 많은 목적 상실 현상을 발견할 수 있다. 이러한 목적 상실 행위들은 아무리 많은 시간을 들여 움직였다 해도 결국에는 원래의 취지를 살리는 결실을 보지 못한다. 오히려 들인 시간만큼 손해만 발생한다.

오랜 기간 컨설팅을 진행하면서 많은 회사의 내부에서 목적을 상실한 행위들이 빈번하게 일어나고 있음을 발견했다. 그 중의 대표적인 것으로 회의 시 보고 자료를 작성하는 일을 들 수 있다.

가령 어떤 공장에 엔지니어들이 상당수 근무하고 있는데, 이들은 업무 시간의 절반 이상을 보고서 작성에 할애하고 있었다. 정기적으로 월간, 혹은 주간회의에서 상사가 발표해야 할 보고서나 자신이 발표해야 할 보고서들이다. 자연히 이들은 자신들의 업무를 더 잘하기 위해서가 아니라, 보고서를 매끄럽게 만드는데 집중함으로써 더 깊은 학습을 하지 못하는 상황이 되어 버리고 만다. 이것은 결국 성장을 더디게 하는 결과로 이어지게 된다. 게다가 문서를 보관하는 파일체계도 자신들의 업무 관점에서 기술을 축적하기 위한 체계가 아니고, 단지 보고서를 보관하기 위한 관점으로 그 체계가 만들어지면서, 기술의 축적과는 점점 거리가 먼 결과를 낳게 되곤 한다.

이 외에도 수많은 사례들이 존재하는데, 지금까지 이야기한 것을 토대로 각자의 주변을 살펴보면 어렵지 않게 발견할 수 있을 것이다. 너무 쉽고 흔하게 찾아낼 수 있는 현상이기 때문에 '목적을 상실하지 말라'가 아닌 '목적에 충실하라'라는 표현을 쓰게 된 것이다. 여기에서 밝히고자 하는 것은 목적을 상실하면 목적에 충실할 때와 비교해서 너무나 큰 차이를 초래하게 된다는 점이다.

목적에 충실하는 것이 어떤 유익함을 가져다주는지 하나의 예로 살펴보자.

어떤 엔지니어가 품질상 문제가 발생한 사안을 처리하고 보고서를 작성하는데, 내가 살펴본 바로는 그 보고서는 정확한 현상 파악과 원인 분석을 했다기보다 신속한 처치와 대책에 초점을 맞추고 있었다. 즉, 정확한 현상 파악과 원인 분석은 하지도 않은 채, 신속하게 대처하여 생산에 지장을 주지 않겠다는 생각이 지배적이어서 그렇게 된 것이다. 물론 그 처치와 대책은 매우 허점이 많고 의문의 여지가 많다는 것은 조금만 자세히 들여다보면 금세 알 수 있는 수준이었다.

그러나 문서작성을 매끈하고 신속하게 잘 처리한 것으로 보이도록 하는 것은 그리 어렵지 않은 일이기 때문에 엔지니어는 그런 방식으로 계속 처리해 온 것이다. 그러다 보니 엔지니어는 공정상 발생하는 불량의 발생 원인을 더 깊숙하게 파헤쳐 공부하고 연구해야 하는 것에 에너지를 쏟지 못하고, 신속하게 조치하는 것과 보고서를 깔끔하게 만드는 것 위주로 일을 했던 것이다. 어쩌면 그 회사 내의 오랜 관습이 그렇게 일하는 방식으로 자리 잡았을 수도 있다.

하지만 그 결과 기술과 시장은 변하는데 엔지니어들의 성장은 늦어져 공정상에 더 많은 문제들이 발생하게 되고, 처리해야 할 일들이 더욱 늘어나는 상황을 맞게 된다. 그렇게 되면 엔지니어의 일은 더욱 늘어나는 악순환의 궤도가 형성되어 점점 힘들어지는 결과로 이어진다.

엔지니어는 불량이 발생한 것에 대해 현상 파악과 원인 분석에 훨씬 더 많은 노력을 들였어야 했다. 그래서 스스로에게 더 깊은 학습이 되게 하고 공부를 더 하게 되어 기술력을 증진시켜 불량이 발생하지 않도록 해야 하는 것이다. 그것이 바로 목적에 충실해야 한다는 의미이다. 그렇게 되지 않으면 절대로 선순환의 궤도는 생기지 않게 될 것이다.

왜 이 엔지니어는 그런 식으로 일처리를 하게 되었을까? 순전히 자신의 선택이었을까? 그렇지 않다. 회사의 분위기와 풍토에 의해 그렇게 만들어진 것이다. 목적에 충실하려는 방식은 처음에는 그 맛이 쓰다. 더 많은 시간을 들여야 하고, 더 공부해야 하고, 더 고민해야 하는 쪽으로 이어지기 때문이다. 반면에 목적을 상실하는 길은 너무 쉽게 다가온다. 처음의 맛이 달다. 상황에 맞추면 된다. 고민을 덜해도 된다. 시간도 많이 걸릴 필요가 없다. 그러나 목적에 충실한 길을 택한 사람은 처음 맛이 썼을지라도 나중에는 달콤한 맛을 느낄 수 있다. 반대로 목적상실의 길을 택한 사람은 처음에는 맛이 달지 몰라도 나중에는 쓴맛을 보게 된다. 그런데 모든 인간은 처음부터 맛이 단 쪽을 택하기가 쉽다. 그래서 조직에서는 리더십으로 이것을 이끌어가지 않으면 안 되는 것이다.

리더십은 속도보다 방향에 우선순위를 두어야 한다. 목적에 충실하다는 것은 올바른 방향을 향해 나아가는 것이다. 방향이 틀어지면 제아무리 빨리 달려봐야 아무런 소용이 없다. 올바른 방향을 향해 전진할 때 진정한 학습이 동반되어 이루어지는 것이다. 올바른 방향으로 전진할 때 부딪치게 되는 장애물들을 극복하면서 나아갈 때 진정한 학습이 되는 것이다.

여기에서는 엔지니어의 사례를 들었지만 비단 엔지니어가 아닌 다른 분야에서 종사하는 사람들도 마찬가지이다. 각자 자신들이 수행하는 일의 목적이 분명하게 있어야 할 것이다. 목적을 상실한 채 움직인다면 자신의 일에 정통하게 되는 학습이 일어나지 않는다. 그렇게 되면 자신은 물론이고 회사의 성장에도 악영향을 끼치게 되는 것이다. 목적상실 행위가 주는 가장 큰 손실은 자신의 성장을 저해하는 것이다. 바로 이 책의 주제인 학습에 결정적으로 작용하는 부분이다.

#목적에 충실하기 위해서는?

목적에 충실하게 행동하는 것은 결코 쉽지 않다. 이런 저런 상황과 관계 속에서 어쩔 수 없이 지금의 행위가 일어나고 있기 때문이다. 특히 위에서부터 목적이 상실된 상황이 벌어지면 이를 수정하는 것은 더욱 어렵다. 정작 위에서 목적을 상실하고 있는 당사자들은 자기들이 목적을 상실하고 있으면서도 그렇다고 생각하고 있지 않거나, 아래에 있는 사람들은 알면서도 감히 그렇다고 말하지 못하기 때문이다.

목적에 충실하기 위해서는 크게 두 방향으로 변화가 일어나야 한다. 한 방향은 위로부터 목적을 상실하게 하는 원인을 제거하는 것이고, 또 한 방향은 조직 내에 적극적으로 목적에 충실하도록 하는 습관을 들이도록 하는 것이다.

● 목적을 상실하게 하는 원인을 제거해야 한다

목적을 상실한 행위는 눈에 쉽게 보이지 않는다. 순전히 행위 하는 사람의 생각으로만 결정되는 부분이기 때문이다. 목적을 상실한 행위였는지 아닌지를 알 수 있는 방법은 그 행위 자체나 그 행위로 얻어진 결과물을 구체적으로 뜯어보는 수밖에 없다. 그 행위자는 분명히 그것을 알 수 있겠지만 그렇다고 그가 특별한 동기 없이 자신의 행위를 바꾸지는 않을 것이다.

대부분의 목적상실 행위는 직장의 상사로부터 빚어진다. 가장 민감하게 영향을 미치는 요소는 평가이다. 자신을 평가하는 사람이 어떤 평가 척도를 가지고 있는가에 따라 목적에 충실할 것인지 아닌지를 정하여 움직이게 되어 있다. 또 이 평가에서 가장 크게 작용하는 요소는 단기 업적주의다. 대부분의 임원들이 1년 업적으로 평가를 받는 것이 보통의 관례이다.

그런데 1년은 목적에 충실하도록 하는 데는 너무도 짧은 기간이다. 따라서 대부분은 시간이 걸리는 충실화보다는 빨리 효과가 날 것 같은 효율화에 초점을 맞추게 된다. 그러다 보니 하부 조직으로 퍼져 내려가는 가치관은 충실화가 될 수 없다. 오직 효율화로만 모든 행위의 초점이 맞춰지니 당장은 효과가 있는 듯 보여도 장기적으로는 부실하게 만드는 효율화에 집중을 하는 경우가 너무나 많다. 나중에는 이 부실로 인해 너무 많은 일들이 생겨 바쁘기만 하고 갈피를 못 잡게 되는 상황으로 이어지기까지도 한다.

예를 들어, 어떤 생산 라인에서 불량이 발생했는데 그 불량의 진짜 원인을 찾으려면 시간이 걸리고 그동안 생산을 못하게 되는 일이 발생하므로 원인을 찾기보다 어떻게든 빨리 처치를 하고 생산할 수 있는 쪽으로 방침을 정해버리는 경우가 그렇다. 당장은 빠르게 생산을 시작할 수 있는 것 같아도 결국은 나중에 그 불량이 자꾸 발생하면서 간섭이 더 많아져 종합적으로 손해가 더 커지게 된다. 매일 목표하는 생산량을 달성해야 한다는 생각에 쫓겨 장기적으로 내다볼 겨를이 없어지는 것이다.

매일, 매월, 매년 이런 식으로 쫓기듯 당장의 단기 목표에 매몰되어서 근본적인 조치를 취하지 않으니 악순환을 벗어날 길이 없다. 단기 목표로 평가하는 폐단이 바로 이러한 결과로 나타나는 것이다. 이런 경우에는 그 일에 종사하는 사람이 학습이 되질 않아서 악순환만 가속된다.

충실화란 처음에는 조금 시간이 걸리더라도 근본적으로 원인을 밝히고 확실한 조치를 취하는 것이다. 이런 과정에서 그 일에 종사하는 사람들이 학습을 하게 되면 기술이 증진되고 결국 그것이 불량이 발생하지 않는 생산활동을 할 수 있게 만들어 더 경쟁력을 갖추게 된다. 이런 시도를 해야 선순환의 궤도가 형성되면서 점점 발전하는 속도가 붙게 된다.

악순환의 궤도를 맴도는 곳에서 한결같이 나타나는 현상은 단기 업적을 추구한다는 것이다. 과일나무가 있는데 뿌리는 돌보지 않고 열매만 따려고 하는 어리석은 행태와 같은 짓이다. 이렇게 단기 업적 추구에 매몰되는 것이 결국 목적을 상실하게 하는 원인이 된다. 이러한 행태의 시작은 상부 조직에서부터 일어난다: 한 회사의 전권을 가지고 있는 오너가 전문경영자들을 평가하고 임용할 때 주로 당기 이익이나 외형의 신장을 보기 때문에 회사에 직접적으로 영향을 미치는 경영자들은 단기 업적에 치중하게 되는 것이다. 가장 높은 상부 조직에서 이렇게 시작을 하니 하부 조직으로 내려갈수록 그 이상의 것을 기대하기는 불가능하다.

대부분 회사의 진정한 발전에 가장 큰 걸림돌이 되고 있는 요소가 바로 이것이다. 간혹 잘 되는 회사들도 있는데 그런 회사들의 공통된 특징은 오너가 단기 업적보다 미래를 위한 포석과 관리를 두드러지게 하고 있다는 점이다. 모든 회사의 오너들이 단기 업적 추구에서 벗어나기만 한다면 그 어떤 시도보다도 빠르게 발전하는 변화를 기대할 수 있을 것이다. 단기 업적을 추구하지 않는다는 것은 영속적으로 살아남을 회사를 만들기 위한 것에 초점을 두기 때문에 자연스럽게 회사운영의 본질을 추구하는 흐름이 살아나게 되고 그런 가운데 모든 구성원들이 도전하면서 학습을 하는 효과를 얻을 수 있기 때문이다.

이와 같이 상부 조직에서부터 회사의 근본 목적인 '영원히 살아남는 것'에 흔들림 없이 충실하게 된다면 그 아래는 자동으로 자신들이 맡은 역할의 목적에 충실하게 된다. 그 목적에 충실하려는 것이 사실은 더 큰 도전을 해야 하는 상황이 될 것이다. 그러나 단기 업적을 추구하는 상황에서는 도전을 피하고 현실과 타협을 해도 묵인을 해주기 때문에 진정한 도전이 이루어지지 않는다. 진정한 도전엔 미래가 담겨 있고 많은 배워야 할 것들이 걸림돌로 나타나기 마련이다. 그 걸림돌을 극복해야 미래가 다가오는 것이고 그것을 극복했기 때문에 학습이 되는 것이다. 이와 같이 상부조직에서부터 모두가 목적에 충실하다면 별도의 학습프로그램을 운영하지 않더라도 가장 훌륭한 학습이 동반되어 일어나게 되는 것이다.

● 조직적으로 목적에 충실하려는 습관을 들여야 한다

조직에는 저마다 일하는 습관이 있다. 자기 자신이 만드는 습관도 있고 제도나 문화에 의해 만들어지는 습관도 있다. 이런 저런 습관들이 있을 수 있겠지만 가장 중요한 것은 목적에 충실하려는 습관이다. 모든 구성원들이 자신의 일을 가장 바람직하게 수행하는 것은 목적에 충실할 때 이루어진다.

조직의 일하는 습관을 이해하기 위해 예를 들어보기로 한다. 대부분의 회사에서는 업무보고라는 행위가 일어나고 있다. 그 중 가장 흔한 것이 주간 업무보고이다. 이 주간 업무를 예로 든다면, 모든 보고서의 작성자들이 지향하고 있는 방향이 미래가 아닌 과거라는 특징이 있다. 즉, 지난 주엔 '내가 한 일이 무엇 무엇이다'라는 지나간 행위를 기억해서 자신이 잘한 점을 부각하려는 것에 역점을 두고 작성한다. 그런데 지나간 일을 아무리 좋게 표현해 봐야 그것으로 인해 내 일에 좋은 작용은 전혀 일어나지 않는다. 표면적으로는 지난 일을 반성해서 앞으로 더 잘할 수 있도록 방향을 모색한다고 주장하는 사람들도 있지만 그보다는 이미 지나간 것에 시간과 열정을 허비하는 면이 더 크다.

실제로 열심히 작성하는 주간 업무보고서는 작성하는 것으로 그치는 경우가 대부분이다. 굳이 활용되는 곳이 있다면 차상위자가 자신의 주간 업무보고를 작성하는데 참고한다는 정도일 것이다. 이러한 식으로 진행되는 주간 업무보고는 매주 전원이 들이는 시간과 정성에 비교해 그 유용성은 별로 없는 것이 사실이다. 단지 그 보고서는 상사가 기다리기 때문에 중요하게 비칠 따름이지 당장 중단한다 해도 별로 지장이 없는 행위인 것이다. 이러한 것이 아주 오랜 기간 진행되면서 관행적인 조직의 습관으로 자리 잡게 되어 아무도 이의를 제기하지 않고 열심히 그 행위를 하고 있는 것이다. 이러한 것이 조직의 일하는 습관에 해당된다.

위의 예에서 방향을 과거가 아닌 미래로 향하게 한다면 그 효과는 엄청난 차이를 보인다. 즉, '내가 지난주에 무엇을 했나'가 아닌 '내가 다음 주엔 무엇을 해야 하나'를 명확히 하도록 하는 것이다. 각각의 구성원들이 스스로 자신이 해야 할 일을 생각하게 하고, 그것을 명확히 표기하고, 또 표기한 대로 하였는가 확인하는 식으로 일하는 습관을 바꿔야 한다. 그렇게 되면 누락시키는 일이 없어지고, 질적으로 더 충실해지고, 스스로 아이디어를 풍성하게 생산하게 되는 효과로 이어진다. 이렇게 하기 위해 '주간 업무보고서'가 아닌 '차주 업무계획서'를 작성하도록 하는 것이 필요하다.

작은 힘이라 할지라도 이미 지나간 일들에 헛되게 에너지를 소모하게 하는 것이 아니고 앞으로 일어날 일을 위해 사용될 수 있도록 하는 것이 중요하다. 이미 지나간 일은 다시 어떻게 할 수 없지만 앞으로 해야 할 일은 그 일을 하는 당사자가 어떻게 하느냐에 따라 결과가 달라질 수 있기 때문에 가치가 있다.

물론 제목만 바꾼다고 질적으로 바뀌는 것은 아니다. 기존의 '주간 업무보고서'를 작성할 때도 '차주 계획'을 표현하게 한다. 다만 작성 당사자의 관심과 정성이 어디에 집중하고 있는가가 중요한데 보통은 '차주 계획'은 구색 맞추기 식으로 표현하고 역점은 '전주 실적'에 두기가 일쑤인 것이다. 그래서 '차주 업무계획서'를 운영할 때 진정 계획으로의 본질이 살아나 개인의 행위가 미래지향적이 되도록 하기 위해 약간의 제도와 방법이 필요하다. 즉, 조직이 목적에 충실하게 일하도록 하는 습관을 들이기 위한 제도와 방법이 될 것이다.

이를 표현한 것이 다음 장에서 소개할 Y-Cycle(와이 사이클)이다. 와이 사이클은 나의 이름자 영인(YOUNGIN)의 영문 첫 자를 따서 지은 것이다. 이 와이 사이클을 생명력 있게 적용하면 조직문화가 크게 바뀌게 된다. 모든 구성원들의 의식을 전향적으로 변화시켜 구성원 개개인의 자발성이 살아나 활력이 넘치게 된다. 또한 빈틈없는 일 처리가 촉진되어 업무의 관리상태가 좋아지고, 그로 인해 구성원들의 의욕이 고취되는 현상이 나타나게 된다.

와이 사이클은 실제로 많은 조직에서 그 효력이 확실하게 검증이 되었다. 본질을 놓치지 않고 제대로 활용만 한다면 조직의 활성화에 지대한 도움을 주게 될 것이다. 또한 미래를 지향하는 흐름 속에서 구성원들의 학습을 촉진시키는 것을 포함하고 있음은 말할 나위도 없다.

#목적에 충실하도록 이끄는 도구, 와이 사이클

와이 사이클을 체험해보지 못한 사람들은 혹시 '별로 유명하지도 않은 사람이 만든 사이클이 뭐 그리 대단하겠나'라는 의구심을 갖게 될지도 모르겠다. 그러나 나는 회사의 체질혁신에 대해서는 독보적인 실력을 발휘하고 있다고 자부한다. 과거에 근무했던 회사와 컨설팅했던 회사들에서 실무적용을 통해 충분히 입증해 본 와이 사이클은 오랜 기간 동안의 현장 체험을 바탕으로 만들어졌으며, 현업에서 실제로 사용되면서 그 탁월한 우수성이 분명하게 검증되고 있다.

● 와이 사이클의 탄생 배경

삼성반도체에서 나는 처음부터 끝까지 줄곧 혁신업무만 수행했다. 1980년대에는 데밍 사이클이라 불리는 PDCA(Plan-Do-Check-Action) 사이클이 유행처럼 널리 퍼져 있었다. 이것은 무슨 일을 하든 계획을 잘 세워 행한 뒤 확인하여 피드백을 해서 다시 계획에 반영하는 방식으로 사이클을 돌려 일을 하라는 틀이다.

데밍 사이클 자체가 문제가 있는 것은 아니다. 이것을 실질적으로 목적에 부합하게 잘 사용하면 좋은 효과를 볼 수 있다. 그런데 실제로 현업의 실태를 뜯어보면 알맹이는 없고 빈 껍데기만 적용되고 있었다.

그 사이클을 적용하는 사람들이 목적을 상실한 채 습관적으로 PDCA를 보여주기 위한 형식에만 몰두했다. 내부, 외부의 경연대회 등의 심사기준이 그것을 강조하고 있기 때문에 더욱 그런 일이 성행했던 것이다. 그저 심사기준에만 맞춰 자료를 작성하고 조금이라도 점수를 높게 받기 위해 PDCA가 보이도록 표현해 냈다. 목적에 부합하게 데밍 사이클이 사용되고 있는지를 확인할 수 있는 능력이 없어서인지 관심이 없어서인지 알 수가 없을 정도의 상황이었다.

당시에는 PDCA를 위한 PDCA를 형식적으로 열심히 적용하고 있는 모습을 발견하는 것은 그리 어렵지 않은 일이었다. 그나마도 현업의 말단 조직에서만 PDCA를 적용하고 있었고, 상부 조직으로 올라갈수록 점점 그런 감각은 희석되는 상황이었다. 데밍 사이클은 그냥 말단 조직을 개선할 때 사용하는 도구 정도로 여겨졌던 것이다.

그러한 상황에서 어떻게 하면 목적에 충실하게 할 것인가를 고민하게 되었다. 그런데 말단조직과 접촉을 계속하면서 그들이 자신들의 목표가 무엇인지를 확실히 모르고 있다는 것을 발견했다. 목표라는 것은 목표라고 표현만 하면 되는 것이 아니고, 자신들이 노력을 들이면 나타나는 지수가 되어야 한다. 하지만 한참 윗선의 목표가 그대로 하달되어 자신들의 목표로 자리 잡고 있는 경우가 대부분이었다.

예를 들면 부장의 목표로 생산량의 수치가 정해졌으면 말단조직으로 내려와도 역시 동일하게 자신들의 목표로 정하고 있었다. 그래서 그 부장 산하의 수많은 사람들의 목표는 전부 똑같았다. 그러니 누가 무얼 열심히 한들 자기가 한 것 때문에 표시가 나는 것을 알 수 있는 방법이 없었다. 반대로 누가 잘못 했어도 누구 때문인지 알 길이 없었다. 그러니 표면적으로는 목표가 설정되었으나, 목표가 없는 것이나 마찬가지의 상황이었던 것이다. 아마 이런 상황은 지금도 수많은 회사에서 벌어지고 있는 모습이리라 추측한다.

이와 같은 상황에서 그 원인이 무엇인지를 분석한 결과 결국은 조직이 분화되어 내려오면서 목표가 함께 분화되어 내려오지 못한 것 때문이라는 사실을 발견하게 되었다. 즉, 단위조직의 레벨에 맞는 목표로 재정립되는 것이 필요한 것이다. 물론 끝까지 분화하여 분명하게 목표를 정해 주는 것은 쉽지 않은 일이다. 3교대로 연속근무를 하는 곳이기 때문이라든지, 더 이상은 나눌 수 없는 모호한 상황이기 때문일 수도 있다. 하지만 그런 것보다는 잘 분화해서 각 레벨 별로 분명하게 목표를 표현할 수 있는 쪽이 훨씬 더 많았다.

각각의 단위 조직에 맞게 목표를 분화시켰더니 놀라운 변화가 일어났다. 목표가 자신들의 노력과 밀접하고 민감한 관계가 있음을 알게 되니 스스로 열심히 하려는 자발성이 살아나 목표 달성도가 높아지게 된 것이다. 여기에서 와이 사이클의 한 요소인 목표(Goal)가 대두된다. 그런데 목표가 위에서부터 분화되어 내려오는 관계를 갖기 때문에 내 목표는 차상위자의 목표를 만족시키는 관계를 갖게 된다. 차상위자의 목표가 바로 나의 미션(Mission)이 되는 것이고 이것이 와이 사이클의 가장 앞에 놓이는 요소가 되는 것이다. 즉, 바꾸어 말하면 나의 미션은 바로 위 상사의 목표인 것이다.

이런 관계로 맨 위의 사장에서부터 말단 구성원에 이르기까지 끊어짐 없이 연결된 관계로 분화되면서 목표가 전개되는 것이 와이 사이클을 돌리는 시작이 되는 것이다. 즉, 어느 레벨에 있든지 직속 상사의 목표가 자신의 미션이 되는 관계로 전 조직의 목표가 정렬(Align)되는 것이다. 그래서 와이 사이클의 요소인 미션(Mission)과 목표(Goal)가 생긴 것이고 여기에 위의 데밍 사이클을 연결시켜 MGPDCA 즉, Mission-Goal-Plan-Do-Check-Action의 와이 사이클이 완성된 것이다.

● 와이 사이클의 핵심 본질

와이 사이클의 본질은 미션을 충족시키기 위해 목표(Goal)와 계획(Plan)과 행위(Action)에 대해 지속적인 피드백(Feedback)을 하는 데 있다.

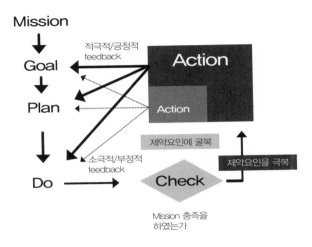

그림에서 보듯이 미션에서 시작하여 목표를 설정하고, 계획을 수립하고, 계획한 대로 행위하고, 행위의 결과가 미션을 충족했는지 확인하고, 확인 결과 미션 충족이 안 되었으면 어떤 액션을 취할 것인지를 정해서 목표나 계획이나 행위에 다시 반영하는 식으로 반복해서 사이클을 돌리는 것이다. 이렇게 새로운 액션을 목표나 계획이나 행위에 반영하는 것을 일컬어 피드백이라고 한다.

피드백에는 적극적인 피드백과 소극적인 피드백 두 종류가 있다. 적극적인 피드백은 미션 충족이 안 되었거나 목표 달성이 안 되었을 때 장애가 된 환경이나 제약요인을 극복하기 위하여 적극적으로 액션을 도출해 목표를 더 도전적으로 설정하거나 계획을 더 적극적으로 수립하거나 행위에 더 노력을 들이는 것을 의미한다. 반대로 소극적인 피드백은 환경과 제약요인을 그대로 인정하고 목표나 계획이나 행위 등을 축소해서 조정하는 것을 의미한다.

물론 와이 사이클의 적용 목적은 적극적인 피드백을 하자는 것에 있음을 강조한다. 소극적인 피드백은 대부분의 경우에 흔히 볼 수 있는 것이다. 즉, 와이 사이클이란 것이 없어도 대부분의 사람들은 어려운 난관이나 장애에 부딪치면 움츠러들고 축소지향적으로 방향을 돌려 자신이 피곤해지는 것을 방지하려고 한다. 그래서 그냥 내버려두면 아주 쉽게 소극적인 피드백이 진행되는 것이 일반적인 현상이다.

그런데 문제는 그 다음에 나타난다. 당장 힘들지 않으려고 소극적인 피드백을 선택하면 그 뒤에 그로 인한 후유증이 더 크게 나타난다는 것이다. 그러면 처음에는 작았던 환경적 제약요인들이 더 커진 상태로 다가오게 되어 더 피곤하게 되는 악순환이 진행된다.

소극적인 피드백은 악순환의 단초가 된다. 처음에는 편한 것 같았는데 나중에는 아주 힘들어지는 결과가 빚어지는 것이다. 당연히 적극적인 피드백은 그 반대로 선순환의 궤도를 만들어낸다. 처음에 난관에 봉착해서 그것을 극복하기 위해 적극적으로 액션을 취하는 것은 피곤한 일일 수 있다. 그러나 처음에 그런 선택을 해서 선순환의 궤도가 형성되면 나중에는 편해지는 법이다.

와이 사이클을 돌리는 묘미는 바로 여기에 있다. 어떤 선택을 해야 하는 순간에 어느 쪽을 택하느냐에 따라 즉, 소극적으로 할 것이냐 적극적으로 할 것이냐에 따라 악순환과 선순환이 결정이 된다.

이것을 '악순환의 법칙, 선순환의 법칙'으로 명명했다. '처음에는 달고 나중에는 쓰다'라는 것이 '악순환의 법칙'이고, '처음에는 쓰고 나중에는 달다'는 것이 선순환의 법칙이다. 이것은 오랜 컨설팅 경험 속에서 반복적으로 확인되고 검증된 법칙이다.

예를 들어, 공부하는 학생에게는 공부가 가장 힘들게 느껴진다. 재미가 없고 지루하다고 느낄 때 선택의 기로에 놓이게 된다. 공부를 안 하는 쪽을 택할 것이냐 공부를 하는 쪽으로 택할 것이냐를 선택해야 한다. 공부를 안 하는 쪽을 선택하면 그 순간은 힘들지 않고 다른 즐거운 것을 할 수 있을 테니 당장 마음이 끌리게 될 것이고,

| 선순환의 법칙, 악순환의 법칙 |

"처음엔 쓰고 나중엔 길게 달다"

High Road
선순환

분기점

Low Road
악순환

"처음엔 달고 나중엔 길게 쓰다"

공부를 하는 쪽을 선택하면 당장은 힘든 상황을 겪어야 할 것이다. 그런데 결과는 그 선택으로 결정된다. 소극적으로 편한 선택을 한 사람은 후일에 그 대가를 치르게 될 것이고, 적극적으로 힘든 선택을 한 사람은 후일에 그 보상을 받게 되는 것이다.

비단 공부뿐이 아니다. 세상의 모든 일이 이런 이치로 순환하고 있는 것이다. 그래서 적극적인 사람은 선순환의 궤도 속에서 이끌어 가는 삶을 살게 되는 것이고, 소극적인 사람은 악순환의 궤도 속에서 끌려가는 삶을 살게 되는 것이다. 바로 순간의 선택으로 그런 향배가 결정되기 때문에 와이 사이클을 적극적으로 돌려서 나와 관련된 모든 것들이 선순환의 궤도 속에 놓이도록 할 수 있는 것이다.

적극적인 피드백을 수행하는 과정은 그대로 학습과정이 된다. 즉, 어려운 환경이나 제약요인을 극복하려면 연구하고 공부해야 한다. 누가 하라고 해서 하는 연구나 공부가 아니라 자신의 목표를 달성하기 위한 연구나 공부가 되어야 한다. 이때보다 더 자신을 몰입시켜 배우게 되는 때는 없을 것이다. 따라서 인위적으로 학습도구나 프로그램을 설치하는 것보다 훨씬 더 효율적인 학습효과를 가져다주는 것이 바로 와이 사이클이다.

#와이 사이클의 연쇄

아래의 그림은 기업의 미션에서 시작하여 개인의 실행까지 연속
적으로 이루어지는 와이 사이클을 도식화한 것이다. 최상위 사이클
은 하나이지만 단계를 내려갈수록 사이클의 수는 늘어나게 된다.
개인까지 가면 결국 회사의 인원수만큼의 와이 사이클이 순환된다

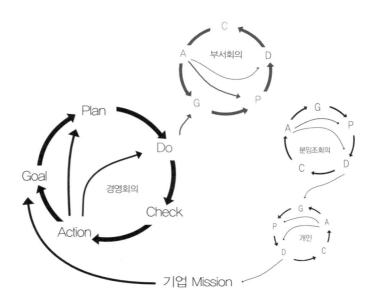

는 것을 의미한다. 이렇게 눈에 보이지 않는 와이 사이클은 상하간에 연쇄되어 전체가 다 연결되어 있다. 따라서 이 와이 사이클이 제대로 작동한다면 상상을 초월하는 위력을 발휘하게 된다. 제대로 된 와이 사이클에 의해 최고경영자에서부터 최하위 구성원까지 이어지는 미션 얼라인먼트(Mission Alignment)가 이루어지게 되며, 이로 인해 노력의 낭비 없이 성과를 낼 수 있는 것은 물론 조직 전체적인 시너지가 극대화되어 기대 이상의 효과를 얻게 된다.

이러한 와이 사이클의 연쇄를 이루기 위해서는 각 레벨에서 리더의 역할이 가장 중요하다. 즉, 위에 예로 든 그림에서는 전체의 조직단계가 4단계로 구성되며 각 단계별로는 리더가 되는 사람들이 존재한다.

우선 경영회의에서는 사장이 리더가 될 것이고, 그 다음 단계에서는 부서장들이 리더가 되고, 그 다음 단계에서는 분임장들이 리더가된다. 물론 실제 상황에서는 이보다 더 많은 경우도 있는데 역시 개념은 동일하다. 어찌 되었든 조직이 분화되면서 단계별로 아래로 내려가고 결국은 개인까지 연결되어 개인들이 행동에 옮겨야 기업의 미션이 충족되는 결과를 얻게 되는 구조인 것이다. 따라서 각 레벨별로 리더의 역할을 하는 사람들이 이 와이 사이클이 제대로 작동하도록 리더십을 발휘하느냐 그렇지 않느냐에 따라 조직의 성과가 달라지게 된다. 결국 중간관리자들의 역할 여부에 따라 개인의 행위의 결과가 결정되기 때문이다.

어떤 회사든 각 레벨 별로 회의 형태의 소집단이 형성되어 있다. 예를 들어 사장, 사업부장, 팀장, 파트장, 파트원의 단계로 구별된 회사가 있다고 하자. 우선 사장은 사업부장들을 모아 경영회의 형식으로 회사의 경영 방향과 현안의 처리 등에 대한 의사 결정을 도모한다. 회사의 미션을 충족하기 위한 목표를 설정하고, 계획을 세우고 이를 각각의 사업부장들이 맡아 수행하게 된다.

사업부장은 한 단계 아래의 회의체인 소집단의 리더가 되어 각 팀장들에게 더 구체적으로 목표와 계획을 수립하여 추진하도록 한다. 그 팀장들은 팀 회의에서 파트장들에게 더욱 구체적으로 목표와 계획을 수립하여 실행되도록 한다. 파트장들(보통은 이 선에서 분임장이 됨)은 파트 회의에서 각 개인에게 구체적인 액션으로 세분화시켜 실행에 옮겨지도록 하는 것이다.

최고 레벨의 와이 사이클이 하위의 각 레벨의 와이 사이클 연쇄를 타고 내려와 결국은 개인의 액션으로 이어져야만 비로소 회사의 미션이 충족되는 것이다. 이 와이 사이클의 연쇄가 잘 연결되면서 내려올 때 조직의 체계가 건강하다고 할 수 있다. 이는 결국 각 레벨의 회의 즉, 각 레벨의 소집단에서 와이 사이클이 제대로 돌아가기만 한다면 저절로 이루어지게 된다.

#와이 사이클을 원활히 돌리기 위한 급소

와이 사이클을 원활히 돌리기 위해서는 와이 사이클의 구성요소인 M, G, P, D, C, A 중에서 임무(M)와 목표(G) 그리고 계획(P)에서 성공해야 한다.

● 미션을 분명히 인식해야 한다

미션이란 존재의 이유를 의미한다. 조직구성원들이 자신이 무엇 때문에 존재하는지를 분명하게 알고 있는 것은 그들의 행동양식에 커다란 차이를 발생시킨다. 자신의 존재 이유가 분명히 인식되어 있는 사람은 행동의 자발성이 높아서 창의성과 생산성이 높게 나타난다. 그렇지 않은 사람은 스스로 무엇을 해야 하는지 모르기 때문에 타율적으로 되어 창의성과 생산성이 낮아지게 된다. 따라서 모든 기업에서는 구성원들이 자신의 미션을 분명히 인식하도록 만드는 것에 가장 우선적으로 노력을 기울여야 한다.

그런데 조직이 크면 클수록 이러한 미션이 분명히 인식되지 않는다. 조직이 클수록 계층이 많아지면서 미션의 분화가 이어지기 때문이다. 기업의 계층을 기본적으로 표현해 본다면 사장−담당임원 −

팀장-파트장-파트원으로 이루어진다. 앞에서도 거론했듯이 나의 미션은 상사의 목표이므로 최상위에서 최하위로 빈틈없이 정렬이 되어 연결되어야만 한다. 즉, 나는 상사의 목표를 달성시켜 주기 위해 존재하는 것이라는 관계가 명확히 설정되어 있어야 한다. 미션은 내가 정하는 것이 아니다. 위로부터 내려오는 것이다. 그래서 상사의 목표가 제대로 설정되어야 하는 것이 중요하다. 바로 하위의 미션이 되기 때문이다.

여기에서 '분명히'란 단어의 문자적인 의미가 중요한 것이 아니다. 문자적으로 분명히 표현하는 것은 얼마든지 할 수 있다. 그렇게 해 놓고 분명히 인식했다고 할 수는 없는 것이다. 미션을 분명히 인식했다는 것은 스스로 무엇을 어떻게 어느 정도로 해야 하는지를 생각해내는 것으로 이어지는 것으로 증명된다.

우리 주변에는 문자적으로는 분명히 표현을 해 놓았지만 실제의 행위로는 이어지는 않는 형식적이고 무미건조한 미션들이 너무나 많다. 그런 곳에서는 당연히 사람들이 지시해야만 움직이는 성향이 강하게 나타난다. 그래서 미션을 분명히 인식하는 것이 가장 중요한데 그러기 위해서는 반드시 필요한 것이 상사의 목표를 제대로 설정하는 것이다.

● 목표를 제대로 설정해야 한다
'제대로'라는 것은 정확하고 선명하게 한다는 것을 의미한다. 즉,

목표가 정확하고 선명하게 설정되면 그 목표만 보아도 사람들은 무엇을 해야 하는지 알 수 있게 되기 때문이다. 자발적 학습의 시작은 그때부터이다.

목표를 정확히 설정한다는 것은 하부의 목표가 모두 달성되면 상부의 목표가 당연히 달성되는 관계를 갖는 것을 의미한다. 따라서 사원들의 목표는 상사가 달성해야 할 목표를 놓고 각각 무엇을 어떻게 해야 달성될 것인가를 고려하여 상사의 목표가 빈틈없이 달성되는 것으로 정해야 한다. 즉, 상사가 승낙을 하는 목표가 되어야 하는 것이다.

대개는 이 부분에서 실패를 한다. 즉, 하부로 내려갈수록 더 세밀하게 분화되지 못하고 모호하게 상사의 것과 동일하게 표현하는 경우가 많기 때문이다. 목표를 달성하게 하려는데 초점을 맞춘 것이 아니라 평가하기 쉽게 하려는데 초점을 맞춘 까닭에 그런 일이 생기는 것이다.

정확히 설정하는 것이 상사의 목표달성에 이어진다는 것을 의미한다면 선명히 설정하는 것은 자신의 행동과 연결되는 것이다. 즉, 목표가 선명할수록 내가 무엇을 해야 할 지가 분명해지는 것이다. 목표란 한번 듣기만 해도 무엇을 해야 하는지 알 수 있을 정도로 표현되어야 한다. 그래야 사람들의 자발성이 살아나기 때문이다. 그것은 더 이상 분화할 수 없는 수준까지 전개해서 내려가야만 가능하게 된다.

이렇게 끝까지 분화하고 난 뒤에야 비로소 달성수준을 숫자로 정하는 것이다. 이 부분도 곤란을 겪는 경우가 많지만, 방법을 강구하면 전부 가능했다. 이 부분은 경험으로 터득한 것이다. 이것만 잘 되면 너무 수월하고도 정확하게 평가할 수 있게 된다. 따라서 목표를 작은 항목으로 더 이상 분화가 안 될 때까지 분화하게 되면 자연스럽게 아주 강도 높은 목표관리를 하는 효과를 얻게 된다. 항상 목표가 달성되었는지를 확인할 수 있고 또 알게 되기 때문이다.

● 계획서를 이용해 주기적인 체크를 해야 한다

목표를 정확하고 선명하게 설정을 했다면, 그 다음은 그 목표를 달성하기 위해 무엇을 할 것인가를 정하게 되고 또 언제까지 할 것인가를 정하게 된다. 이러한 것들을 담는 그릇이 계획서다. 우선은 목표달성을 위해 해야 할 것들을 나열하고, 거기다 누가 언제까지 할 것인가를 명확히 한 다음 주기적으로 그 결과와 진행 상황을 체크한다. 동시에 완료 여부를 표시하는 식으로 계획서를 운영하면, 목적에 충실히 하는 정도를 최대로 높일 수 있다. 무엇을, 누가, 언제까지 그리고 완료 여부, 이 네 가지는 계획의 4요소가 된다.

대부분의 기업에서는 매일 혹은 매주 주기적인 회의를 각 단위 조직별로 하고 있다. 이 회의에서 위의 계획서를 이용하여 체크만 하면 되는 것이다. 너무나도 간단한 이 방법으로 인해 조직의 목적에 충실하게 되는 습관이 형성되는 것이다. 물론 여기에도 함정은 있을 수 있다. 그 회의에서 좌장이나 리더 격인 사람이 형식적으로 지나쳐버리면 계획서가 형식을 위한 형식으로 남게 되어 도움은커녕 오히려 폐단으로 작용하게 될 것이다. 그런 것만 없다면 계획서를 제대로 작성해서 주기적인 체크를 하는 것만으로도 엄청난 효과를 낼수 있을 것이다.

실제로 이런 식으로 관리를 시작하게 되면 처음에는 두 부류로 반응이 갈라져 나타나게 된다. 첫째는 일을 잘 하고 있던 부류의 반응으로서 자신들의 일을 누군가가 관심을 가지고 보고 있으며 자신들이 일한 결과를 알릴 수 있다는 것에 아주 긍정적이고 적극적인 자세를 취하는 사람들이다. 이들은 이러한 관리방식에 의해 자신의 조직 내에서의 입지가 견실해짐을 느끼기 때문에 만족도가 높아진다. 그리고 자신의 일을 주기적으로 체크하면서 미래의 모습이 점점 명확하게 구체화되어 다가오기 때문에 일을 더 잘 할 수 있는 흐름이 형성되어 더욱 만족해 한다.

반면에 이를 부담스럽게 여기는 부류가 존재한다. 이들은 평소에 일을 잘 하지 못했던 사람들로서 그들의 업무수행 결과가 선명하게 노출되는 것을 꺼리기 때문이다. 당연히 그들은 이전보다 더 힘들어지는 상황이 되기 때문에 더욱 부담스러워 한다. 그러나 계획서를 이용한 체크를 꾸준히 진행하다 보면 이들도 모두 바뀌게 되고 업무도 선순환의 궤도를 만들게 되어 모두가 이전보다 훨씬 향상된 상태가 된다.

제4장 문제에서 배우는 습관

#문제(불량/고장/사고/장애/어려움)가 가장 좋은 교재가 된다

    사람들은 직장생활을 하면서 이런저런 교육을 많이 받게 되지만 그 어떤 교육보다도 더 효과적인 것은 문제가 발생했을 때 배우게 되는 것들이다. 조금 아이러니하게 들릴 수도 있지만 실제의 업무에서 닥친 문제가 있을 경우 그 문제는 반드시 해결되어야 하기 때문에 해결하는 과정에서 가장 심도 깊은 공부를 하게 된다.

    공부를 하기 위해 일부러 문제를 발생시키는 것은 아니지만 어디서든 문제는 발생하게 되어 있다. 또한 문제를 어떤 기준으로 정의하는가에 따라 문제 발생의 빈도가 잦아질 수도 있다. 어쨌든 이러한 기준은 각 회사나 조직의 형편과 실정에 따라 정해지게 된다. 중요한 것은 이러한 문제가 발생했을 때 얻을 수 있는 학습효과를 최대로 얻도록 하는 것이다. 이보다 더 실질적이고 확실한 배움의 기회가 없기 때문이다.

    그런데 이러한 배움의 기회가 닥쳐도 그것을 어떻게 다루는가에 따라 학습의 효과는 커다란 차이를 보이게 된다. 학습효과를 크게 내는 회사에서는 문제의 반복 발생률이 줄어들게 되지만 그렇지 않

96

은 곳에서는 문제의 발생이 반복된다. 이것이 회사의 경쟁력과 연결된다.

학습효과를 크게 낸다는 것은 결국 문제 발생의 근본 원인을 명확히 규명해 없애버리는 것을 의미한다. 근본 원인을 규명하면 재발률이 줄어들고 그것은 곧 이치적으로 학습을 하게 되었다는 것을 의미하는 것이다. 반면에 재발률이 줄어들지 않는 것은 원인 규명이 되지 않았음을 의미하며, 실력을 쌓지 못했다는 것을 말해준다. 재발률이 줄어들지 않는 것에 그치지 않고 오히려 악순환이 가속되어 점점 더 힘들어지는 상황으로 치달을 수도 있다. 이러한 악순환을 끊는 것은 근본 원인을 제거하는 것으로만 가능하다.

근본 원인을 제거할 수 있어야 제대로 학습이 되었다고 할 수 있다. 즉, 그림에서처럼 발생원을 제어해야 선순환의 궤도가 만들어져서 점점 더 발생원을 장악하는 힘을 키울 수 있게 되고, 발생원을 제어하지 못하면 닥치는 일이 점점 더 늘어나는 악순환의 궤도가 만들어져 닥치는 일의 처리에 많은 시간과 노력을 빼앗기게 되는 것이다. 당연히 경쟁력 있는 기업이 되려면 선순환의 궤도에 진입해야만 할 것이다.

어떤 문제가 발생하면 빨리 처리하기에 앞서 왜 그 문제가 발생했는가를 규명해야 문제로부터 배울 수 있는 상황이 만들어진다. 그런데 실제의 일을 함에 있어서는 여러 가지 이유 때문에 빨리 처리해야 하는 상황에 몰리곤 한다. 따라서 원인을 명확히 규명하지 않고

| 발생원 제어와 선순환의 관계 |

선순환
(닥치는 일이 줄어들며
점점 발생원을 장악하는
힘을 키울 수 있게 된다)

한다

발생원제어

못한다

악순환
(닥치는 일이 점점 늘어나
면서 저지하는 것에 시간을
빼앗기게 된다)

급하게 처리를 해버리고 마는데 이는 너무나도 값진 학습의 기회를 상실하는 것이나 마찬가지이다.

어차피 발생한 문제인데 이를 통해 많은 학습을 하고 지식을 습득하는 지혜를 발휘하는 것이 필요하다. 그러나 대부분의 경우 관행적이거나 타성적으로 과거에 처리하던 대로 행하고 만다. 시간이 없어서, 바빠서, 인원이 적어서, 여태껏 그렇게 해 왔기 때문에, 지식이 부족해서, 역량이 모자라서 등등의 이유로 그냥 지나치곤 한다. 그렇기 때문에 한 단계 더 도약할 수 있는 힘이 생기질 않는다. 학습이 되어야 그런 힘이 생기는데 가장 좋은 학습 기회도 그냥 지나쳐버리니 학습이 될 리가 없다. 이는 결국 조직의 일하는 방식의 문제로 귀결이 되는 것이다.

이와 같이 어떤 문제가 발생하더라도 그 문제를 통해 충분한 학습을 하는 습관이 들어 있어야 선순환의 궤도가 유지된다. 이러한 습관이 그 조직의 문화가 되는 것이다. 습관과 문화, 이러한 것들은 쉽게 만들어지지 않는다. 또한 한번 만들어지면 쉽게 무너지지도 않는다. 그렇기 때문에 학습조직을 만드는 데는 강력한 리더십이 꾸준히 작용해야 하는 것이다.

#문제에서 배우는 습관을 들이기 위한 맥

문제로부터 배우는 것이 가장 효과적이지만 실행하기는 가장 힘들다. 사람의 심리적인 면이 작용하기 때문이다. 일단 문제라고 발생된 것이 마음을 즐겁게 하지 않는 것이 가장 크게 작용을 한다. 그래서 문제를 다룰 때 유쾌한 마음이 들지 않기 때문에 배운다는 것에 소극적인 자세를 취하게 된다. 또한 조직의 정서가 작용을 한다. 장기적으로 앞을 내다보고 충실히 배우려고 하기보다 빨리 조치해서 회복하려는 경향이 강해 배울 수 있는 기회를 그냥 지나쳐 버리게 되는 것이다.

단기 안목의 관점을 가지고 일하는 곳에서 흔히 나타나는 증상이다. 그런데 대부분이 이러한 정서 속에 처해 있다는 것이 그동안의 경험에서 얻은 결론이다. 이처럼 심리적인 면이 작용을 하고 있기 때문에 문제를 통해 배우게 만드는 것이 힘들다. 문제에서 배우는 습관을 갖도록 하기 위해서는 다음과 같은 점을 살려내야 한다.

● 가장 먼저 문제의식을 갖게 해야 한다

문제란 절대적이지 않은 상대적인 용어다. 즉, 어떤 관점과 기준으로 바라보느냐에 따라 문제가 될 수도 있고 안 될 수도 있다. 문제의식은 현실을 부족하게 바라볼 때 생기는 법이다. 현실에 만족하고 있다면 어떠한 것도 문제로 인식하기란 불가능하다. 문제의식을 갖게 하는 데는 두 가지 요인이 작용을 한다.

첫 번째는 목표다. 목표가 선명해서 현실과의 차이를 알 수 있게만 한다면 문제의식이 생길 것이다. 그래서 목표가 선명한 것과 과감한 것이 중요해진다. 목표가 선명해야 현실과의 차이점을 인지하기 쉽다. 현실이 목표보다 부족한 것을 인지하는 순간 사람들은 그 부족한 것을 채우려는 의지를 갖게 된다. 목표수준을 과감하게 정하면 정할수록 그 의지는 더 커질 것이다. 부족한 것을 채우려는 마음의 상태가 문제의식이 있다는 것으로 볼 수 있을 것이다.

그런데 목표를 선명하게 한다는 것은 상당한 기술이 필요한 부분이다. 목표란 그것을 달성하기 위한 노력을 강구하도록 만드는 것이 그 목적이다. 그런데 아주 많은 회사들 속에서는 목표가 달성하기 위한 것이 아닌, 평가하기 위한 것으로 전락되어 있다. 즉, 평가를 쉽게 할 수 있어야 한다는 것에 초점을 맞추다 보니 목표가 선명성을 갖지 못하는 경우가 너무 많다. 선명성은 업무의 접점 즉, 실제로 일을 수행하는 선에서 나타나는 것이 아주 중요하다. 그런데 사장에서부터 시작된 목표가 계속 분화되어 업무의 접점까지 단절되지 않고 이어지도록 하는 것은 상당한 수준의 몰입과 치밀한 분석을 요구한다. 단절되지 않고 이어져서 분화되어 내려가는 것을 성공해야 모든 구성원들의 움직임이 목적을 벗어나지 않게 할 수 있는 것이다. 결국 목표를 선명하게 하는 것은 모든 구성원들이 목적지향적인 관점을 갖게 한다는 점이 가장 중요하다.

그러나 대부분 이 부분에서 막혀버린다. 그리 쉬운 일이 아니기 때문이다. 그래서 분화가 덜 진행된 상위 수준에서 분화를 멈추고 모두에게 해당되는 공통목표로 가져가는 식으로 하게 된다. 따라서 업무의 접점에서 실제 일을 하는 사람들에게는 뜬구름 잡는 목표에 불과하게 되어 그 목표를 달성하기 위해, 무엇이 문제이고 어떻게 해야 하는지에 대한 생각조차 하지 않게 되어 버리는 것이다. 그냥 평가 시에 사용되어지는 지표일 뿐, 내가 무엇을 해야 그 목표가 달성되는지에 대해서는 아무런 영향력도 발휘하지 못하는 것이 되어 버린다.

선명성이 결여된 목표는 아무리 과감하게 그 수준을 설정한들 문제의식이 살아나도록 하지 못한다. 따라서 목표의 선명성이 우선되어야 과감성도 그 효력을 발휘하게 된다. 목표의 선명성이 살아나도록 하는 것 역시 결코 쉬운 일이 아니다. 그런데 선명하게 해 주면 그 효과는 비교할 수 없이 크게 나타난다. 결국 업무의 접점까지 잘게 분화해서 나타내 주어야 하는데 여기에는 정교한 데이터가 필요하게 된다. 정교한 데이터 관리가 시스템적으로 뒷받침되어야 목표를 선명하게 설정하는 것이 가능하게 된다.

사람들에게 문제의식을 갖게 하는 두 번째 요인은 기준이다. 여기에서 기준은 명문화시켜 정해놓는 것이 아니고 사람들이 마음속으로 판단하는 가치의 수준을 의미한다. 이는 질적인 면을 보는 것으로서 항상 최고의 가치기준을 마음속에 갖고 사물을 바라보게 하는 것을 의미한다. 따라서 획일적으로 항상 동일하게 정해진 것이 아니고 사안별, 상황별, 개인별로 다를 수가 있다. 단지 주어진 상황에서 최고를 택하는 마음가짐을 갖고 일을 하게 되면 문제의식이 살아나기 때문에 강조하는 것이다.

어떠한 의사결정을 할 때 기준을 높게 가진 사람은 부족함을 많이 느끼게 될 것이고 이 부족함이 문제의식으로 이어진다. 이는 다분히 사람의 생각에 해당되는 것이므로 어떤 수단을 강구해서 만들 수는 없다. 따라서 사람들의 생각을 최고로 하게 하는 데는 리더들의 리더십이 전적으로 작용한다고 해도 과언이 아니다. 그러기 위해서는 리더들부터 최고의 기준으로 매사에 임해야 한다. 아주 작은 일일지라도 할 수 있는 한 최고의 모습이 되도록 하는 생각의 습관을 들여야 하는 것이다.

이러한 생각의 습관이 형성되도록 하기 위해서는 상당히 섬세한 현장 밀착의 관리가 필요하다. 섬세하게 상황을 파악해야만 그 사람이 최고를 지향하는 기준을 갖고 일하고 있는지 아닌지가 보이기 때문이다. 사람들의 속성은 대부분 편한 것을 좋아하기 때문에 스스로 기준을 높게 하여 자신을 힘들게 만들지 않으려는 경향을 보인다. 그런데 그 편안함만을 추구하다 보면 경쟁에서 낙후되어 뒤처지게 되는 결과를 빚기 때문에 이를 방치하면 안 된다. 그래서 리더십이 강조되는 것이다.

● 현상 파악과 사실 확인을 충실히 하는 데서 학습이 이루어진다

어떤 문제가 발생했을 때 업무 현장에서 빚어지고 있는 현상을 30년 동안 살펴본 경험에 의하면, 대부분의 사람들이 현상 파악과 사실 확인에는 비교적 노력을 많이 하지 않고, 그 다음 단계인 조치에는 많은 노력을 쏟는다는 사실이다. 그런데 그 조치들을 뜯어보면 어설픈 점이 많이 보인다. 그도 그럴 것이 현상 파악과 사실 확인을 충실히 하지 않으니까 적확(的確)한 조치를 하지 못하게 되어 그런 일이 빚어지는 것이다.

조직에서 학습이 필요한 이유는 이렇게 조치할 일들이 발생하지 않도록 하는 실력을 갖추는 것이고, 더 나아가 발생하더라도 적확히 조치할 수 있는 능력을 갖추도록 하는 데 있다. 그런데 이치적으로 현상 파악과 사실 확인을 충실히 하기만 하면 그 원인과 대책을 규명하고 강구하는 것이 아주 수월해지는데, 현장에서는 그 일을 거꾸로 진행하려는 풍토가 강하다. 그러다 보니 업무의 성과는 더디 나고 노력은 노력대로 드는 악순환을 만드는 결과가 빚어지는 것이다. 더욱이 조치가 어설프게 되면 그 후유증으로 다른 노이즈(noise)들이 파생되어 여기에 또 사람들이 매달리게 되어 상황을 더 나쁘게 만들기 일쑤이다.

노이즈란 관리가 부실한 상태에서 엉뚱한 결과가 파생되는 것을 말한다. 즉, 잘 관리했으면 전혀 일어나지 않았을 일들이 발생해 사람들의 주의와 능력을 분산시키는 것을 의미한다. 노이즈는 과학적이나 기술적으로 차원 높게 접근한다고 해서 없어지는 것이 아니다. 평소에 해야 할 바를 확실히 할 때 발생하지 않는다. 그런데 그 평소에 해야 할 바에 대한 것을 막연하게 하는 것보다 이미 발생된 문제를 통해 순차적, 점진적으로 접근하는 것이 효과적이다.

그 시작은 문제가 발생했을 당시에 현상 파악과 사실 확인을 철저히 하는 것에서 비롯된다. 현상 파악과 사실 확인에 한 치의 의구심도 없이 확신을 갖도록 한다면 그 다음에는 적확한 조치를 할 수 있게 되어서 파생되는 문제가 줄어들고 시간이 단축되는 결과로 이어진다.

즉, 실력을 증진시킬 수 있는 맥은 조치에 있는 것이 아니라 현상 파악과 사실 확인에 있다는 것을 의미한다. 이 점이 많은 사람들이 혼동하는 부분이다. 어떤 문제든 조치를 잘 하는 것이 중요하다. 그 것이 실력이기 때문에 두 말할 나위가 없다. 그런데 아무리 실력이 뛰어난 사람이라도 현상 파악과 사실 확인에 실패하면 그 실력은 결실을 맺지 못한다.

이러한 것들은 너무나도 자명하게 확인된 사실들이다. 결국 현상 파악과 사실 확인을 잘하는 능력이 실력이 되는 것이다. 현상 파악과 사실 확인을 하는 데서 많은 공부가 일어난다. 특히 기초와 기본을 단단히 하는 공부가 이루어진다. 그러면 그 뒤로는 순조롭게 진행이 되면서 훨씬 더 큰 효과를 내며 훨씬 더 많은 학습으로 이어지는 것이다.

#현상 파악과 사실 확인을 위한 능력 배양

대부분의 사람들은 무언가를 위한 노력을 스스로는 잘 하지 않는다. 앞에서 논한 것처럼 어떤 구속력이 있어야만 움직이는 것이 보편적인 모습이다. 공부하는 학생들이 시험이란 구속력이 없으면 공부를 하지 않듯이, 직장에서 현상 파악이나 사실 확인을 충실히 하는 것도 당장 발등에 떨어진 불 같은 것이 아니기 때문에 스스로 노력하지 않는다. 그래서 최소한의 제도적인 장치가 필요하다.

첫 번째가 문제를 문제로 다루게 하는 기준을 명확히 하는 것이다. 여기에는 시기적인 기준이 있고 정도(程度)에 따른 기준이 있다.

시기적인 것은 문제가 발생한 지 얼마나 지났는가 하는 점이고, 정도에 따른 것은 그 문제의 크기가 얼마나 되는가 하는 점이다.

발생한 어떤 문제에 대해 현상 파악과 사실 확인을 잘하기 위해서는 문제 발생 즉시 살펴보는 것이 가장 좋다. 그래야 현상 파악과 사실 확인을 최선으로 할 수 있기 때문이다. 형사들이 어떤 사건을 조사할 때 초동수사를 잘해야 범인을 검거하기 수월해지는 것과 같은 이치이다. 그리고 어느 정도의 무게로 문제라고 정할 것인지는 학습 효과를 최대로 이끌어낼 수 있는 선으로 상황에 맞게 정하면 된다. 아주 무겁게 기준을 정하면 다루는 빈도가 낮아져 학습하는 기회를 많이 갖지 못하게 되고, 너무 가볍게 기준을 정하면 다루는 빈도가 높아져 깊이 있게 학습할 수 없게 되는 점이 있다는 것을 고려해 정하면 된다.

물론 학습이 잘 되면 동일한 기준 상에서 점점 그 빈도가 줄어들게 되어 있다. 그렇게 되면 점점 기준을 엄격하게 정하면서 학습하는 빈도를 유지해 주는 것이 필요하다. 이렇게 된다면 점점 문제의 발생률이 떨어지고 사람들은 문제에 더욱 민감해지는 선순환의 상황이 만들어지게 된다.

두 번째는 위의 기준에 의거해 문제가 발생되면, 그것을 어떻게 다뤄야 하는지 그 절차를 정해주는 것이 필요하다. 이는 주어진 상황에 따라 탄력적으로 정하면 된다. 학습을 잘 하게 하자는 것이 목적이므로 그것에 초점을 맞추면 된다. 물론 단순하면서도 효과를 최대로 이끌어낼 수 있는 것이어야 한다. 사람들을 학습시키기 위한 최대한의 구속력을 갖도록 하는 것이 중요하다.

세 번째는 현상 파악과 사실 확인을 잘 하도록 양식을 만드는 것이다. 양식이란 것은 구체적으로 사고와 행동을 인도하는 매뉴얼의 역할을 한다. 그러므로 양식을 잘 디자인하는 것은 학습효과를 내는 데 결정적인 역할을 한다. 물론 이 양식에 담겨지는 내용들은 소중한 노하우가 되어 시간이 지나면서 다른 사람들에게 지속적으로 활용될 수 있다.

양식에 무엇을 담아야 하는지는 역시 각각의 기업에 처한 상황에 맞춰 정하면 된다. 현장에서 반드시 소개하는 대표적인 양식은 TAS(Trouble Analysis Sheet)와 FAS(Failure Analysis Sheet)이다. TAS는 장비(설비)의 고장이 발생했을 때, FAS는 제품의 불량이 발생했을 때 기록하는 양식이다. 물론 기본적인 요소는 유사하지만 그래도 각 회사별, 업종별로 상황이 다르기 때문에 획일적으로 정해서는 안 된다. 이는 필요로 하는 곳에서 의지만 있다면 충분히 잘 디자인할 수 있는 것이다.

네 번째는 이러한 문제를 다루는 데 있어서 각 사람들이 구체적으로 지켜야 할 준칙을 정해 운영하는 것이다. 이는 최소단위의 조직별로 각 조직의 실정에 맞게 정해서 운영하는 것이 적절하다. 즉, 스스로 학습을 잘하게 하는 것에 초점을 맞춰 이러한 준칙을 정해 지키도록 하는 것이다. 이것이 잘 운영되어야 자율적으로 학습을 하는 조직이 만들어질 수 있다.

이러한 것들을 정해서 운영하는 목적이 학습효과를 제고하자는 데 있음을 잊어서는 안 된다. 간혹 진행하다 보면 목적과 수단이 뒤바뀌어 학습은 사라지고 기록에만 열심인 모습을 보이는 곳을 발견하는 경우도 있다. 또한 스스로 정한 것들을 잘 지키지 않아서 이러한 제도가 유명무실해지는 경우도 있다. 그래서 이러한 제도를 활성화시키기 위해서는 리더십을 배제할 수 없다. 각 조직의 리더들이 얼마나 이 제도를 이해하고 또 관심을 갖고 수시로 확인하고 지도하는가에 따라 활성화의 여부가 결정된다.

제5장 촉진기구

#촉진기구란?

　우리는 항상 급한 일과 중요한 일 앞에 놓여 있다. 급한 일은 당장 해야만 하는 일이고, 중요한 일은 급하진 않지만 지금 처리해야만 미래가 밝아지는 일이다. 즉, 어떤 시스템을 잘 구축한다든가, 어떤 문제가 발생하면 근본적인 조치를 취한다든가, 미래를 대비한 교육이나 공부를 한다든가 등등의 일이다. 이러한 것들은 그 일을 하지 않더라도 당장 무슨 문제가 생기지 않는다는 특징을 가지고 있다. 그래서 대부분의 사람들은 중요한 일을 간과하기 쉽다.

　악순환이 돌고 있는 곳엘 가보면 급한 일만 가지고 씨름하고 있는 경우가 대부분이다. 급한 일은 대개 원하지 않는 상황이 벌어져 생기는 일들이다. 그 원인을 파헤쳐 보면 어떤 중요한 일을 해야 할 시기에 그 중요한 일을 하지 않았던 데서 기인하는 것들이다. 따라서 지금 당장 어떤 중요한 일을 처리하지 않으면 머지않아 또 다른 급한 상황이 닥치게 되는 현상이 반복되는 것이다. 중요한 일을 하지 않으니 상황이 좋아질 수 없다. 이런 상황에서는 중요한 일에 손을 대는 것 자체가 이루어지지 않기 때문에 악순환이 점점 가속화될 뿐이다.

그래서 강제적으로 기구를 두어 중요한 일에 손을 대도록 만들자는 것이 촉진기구의 목적이다. 즉, 지금 당장 힘들다고 중요한 일을 하지 않고 지나친다면 미래가 어두워지기 때문이다. 당장 힘들어도 어떻게든 중요한 일에 노력을 할애하여 점점 상황을 나아지게 만들기 위한 것이 촉진기구라고 할 수 있다.

어떤 중요한 일에 대해 손을 대도록 하기만 해도 그 조직에는 큰 학습이 일어난다. 무엇보다도 중요한 학습은 구성원들이 급한 일과 중요한 일을 구별할 줄 알고 중요한 일에 손을 대는 선택을 하게 하는 것이다. 이러한 학습은 중요한 일에 손을 대도록 하는 어떤 촉진기구를 운영하는 것만으로도 이루어질 수 있다. 물론 어떤 촉진기구에서 직접 다루는 테마에 대해서는 당연히 학습이 이루어짐은 말할 것도 없다. 그런데 학습은 거기서 끝나지 않고 더욱 그 분위기가 확산되기에 이른다. 즉, 회사 차원에서 중요한 일에 힘을 할애한다는 인식이 각 구성원에게 들면서 각 구성원들도 자연스럽게 중요한 것에 우선순위를 두는 의식의 변화가 일어나는 것이다. 중요한 것에 노력을 들이기만 하면 그 자체가 아주 훌륭한 학습이다.

여기서 말하는 촉진기구란 급한 불을 끄기 위하여 가동하는 TFT(Task Force Team)가 아니다. 진정으로 미래를 대비하여 지금부터 착실히 준비를 해야 할 일을 위한 비공식적인 조직을 의미하는 것이다. 비공식적이라고 표현한 것은 회사 차원에서 공식적으로 만든 조직이 아니라는 의미다. 즉, 어떤 위치에 있는 사람이 자신의 재량권으로 편성하여 일정한 주기로 모였다 흩어지는 식으로 운영하는 조직을 의미한다. 따라서 구성원들에게 회사 차원의 당위성이 부여되지 않고 상사의 의지로 운영되는 점이 약점이 될 수 있다.

구성원들이 진정으로 자신들이 해야 할 중요한 일이라는 인식을 갖도록 해 주는 데 어려움이 있다는 뜻이다. 그렇기 때문에 재량권을 가진 위치의 리더가 확고한 의지를 가지고 강력한 리더십으로 이끌어가지 않으면 오랫동안 활발하게 지속되기 어렵다. 그 어느 누구도 급한 일이 있는데 그걸 놔두고 중요한 일을 할 수 있는 용기를 스스로 내기는 어려울 것이다. 이러한 점을 리더들이 보장해서 몰입하게 해 주는 장치가 촉진기구인 것이다.

#촉진기구의 종류

촉진기구는 그 형태가 따로 정해져 있는 것은 아니다. 중요한 목적인 '미래를 위해 지금 무엇을 해야 하는가'를 다룬다면 전부 촉진기구라 할 수 있다. 즉, 당장의 경영 상태에 하등의 영향도 미치지 않는 일을 다루는 것이다. 누군가가 힘을 들여 강조하지 않으면 아무도 관심을 갖지 않을 일을 하는 것이다. 이는 미래를 내다볼 수 있는 통찰력이나 혜안을 가진 리더에 의해 진행될 수밖에 없는 속성을 가진 기구이다.

이 장에서 촉진기구의 종류라고 거론하지만 사실 명확하게 정해진 것은 없다. 단지 그동안 경험했던 것들 중에서 예를 들어 소개할 것이다. 즉, 업무의 속성상 급한 일이 아닌 것들은 이러한 촉진기구를 동원하지 않으면 좀처럼 진행되지 않기 때문에 촉진기구를 창의적으로 잘 활용해야 한다는 것을 강조한다.

지금까지 경험했던 촉진기구 중에서 가장 대표적인 것은 연구회라는 것이다. 그 연구회에서 앞으로 닥칠 기술에 대한 연구를 하게 한다든지, 복잡한 문제를 풀게 한다든지, 중요한 시스템을 구축하게 하는 등의 일을 하는 것이다. 물론 여기에 참여하는 사람들은 자신들의 고유 업무는 별도로 갖고 있는 상태에서 이 연구회의 일을 하는 것이다. 그렇기 때문에 웬만큼 위에서 힘을 실어주지 않으면 연구회의 일에 열심히 참여하도록 이끄는 것은 어렵다. 이 연구회는 다루는 일의 성격에 맞추어 'ㅇㅇㅇ 연구회'라는 식으로 명명하여 부르면 될 것이다.

그 다음에는 위원회라는 것도 대표적인 촉진기구 중의 하나이다. 가령 전사적인 혁신활동을 벌이고 있는 회사에서 그 혁신활동이 제대로 진행되도록 하기 위해 'ㅇㅇㅇ 혁신추진위원회'라는 명칭으로 촉진기구를 두고 운영할 수 있다.

또한 더 나아가서 어떤 큰 일을 추진함에 있어 활발하게 진행되도록 정기적으로 회의를 진행하는 것도 촉진기구의 역할이라 할 수 있다. 이와 같이 촉진기구는 상황과 실정에 맞게 정해서 운영하면 된다. 목적이 미래에 있으면 있을수록 그 회사는 선순환을 돌고 있을 가능성이 높으며 그 촉진기구는 더욱 촉진기구다운 것이 될 수 있을 것이다.

#촉진기구의 활성화를 위한 맥

앞에서도 계속 언급했지만 촉진기구에 참여해서 하는 일들은 급한 것이 아니다. 그러므로 지속적으로 활성화된 상태를 유지하는 것이 그리 쉽지 않다. 이를 위해서 몇 가지 중요한 맥을 논한다면 크게 리더십, 기대 성과물의 명확화, 분명한 역할분담, 지속력의 유지 그리고 동기부여의 다섯 가지를 들 수 있다.

● 리더십

무슨 일을 하든 가장 중요하게 작용하는 것이 리더십이다. 조직을 학습을 촉진시키기 위해 촉진기구를 두었는데 이것이 활성화되는 것은 결국 리더들이 어떻게 이끄느냐에 달려 있다. 조직 학습에 대한 자기비전을 머릿속에 확실히 갖고 있는 리더는 그 비전을 이루어내기 위해 스스로 몰입하면서 촉진기구를 운영하게 될 것이다. 그런 것이 없는 리더는 촉진기구를 생각도 못하겠지만 설령 생각한다 하더라도 기계적이고 피상적으로 다루고 말 것이다. 이 부분은 정말 중요한 부분이므로 다른 장에서 더 비중 있게 다루기로 한다.

● 기대 성과물의 명확화

촉진기구를 운영할 때 중요한 것은 기대 성과물을 명확히 해서 모든 구성원들의 방향성을 일치시키고 그 한 방향으로 힘을 쏟도록 하는 것이다. 즉, 이 촉진기구가 주어진 기간 동안 활동을 하면서 어떤 결과물을 내어놓아야 하는지를 분명히 해서 전 구성원이 한결같이 노력을 경주하도록 하는 것이다.

이 성과물을 명확히 할 때에는 구성원이 전부 참여해서 활발히 토론을 하면서 구체화하는 것이 절대적으로 필요하다. 토론을 하면서 상당한 공감대가 형성되고 각자의 머릿속에 그 결과가 선명하게 남게 되기 때문이다. 그리고 매 회합 시마다 이러한 기대 성과물에 대해 계속 상기시켜 주는 것도 필요하다. 그리고 얼마나 그 기대가 채워지고 있는지도 모두에게 알게 하는 것도 필요하다.

● 분명한 역할 분담

촉진기구는 대부분 다수의 사람들이 참여한다. 그리고 그 소속조직도 다 다르게 될 것이다. 이러한 경우 각각의 역할을 분명하게 해

주지 않으면 역할의 사각지대가 생기게 된다. 정작 손을 대야 할 분야를 건드리지도 않는 결과로 이어지든가, 참여하는 구성원 간에 업무량의 편차도 발생하게 된다. 또한 가뜩이나 자신의 필연적인 업무가 아닌 일을 함에 있어 역할이 분명하지 않으면 동기부여도 되지 않아 그 일을 소홀히 하기 쉽게 되어 버리기도 한다. 따라서 이러한 촉진기구를 이끄는 책임을 가진 리더는 전원이 짜임새 있게 역할을 담당하도록 하는 것에 만전을 기해야 한다. 각 역할별로 진척도를 볼 수 있도록 한다면 더욱 촉진될 수 있을 것이다.

● 지속력의 유지

자신의 고유의 일도 아니고 자신이 속한 조직 내에서만 수행되는 일도 아닌 촉진기구의 일은 그 지속력을 유지하기가 쉽지 않다. 지속력의 유지는 여기서 거론하는 리더십, 기대성과물의 명확화, 분명한 역할분담, 동기부여 등이 전부 작용해서 이루어지는 것이다. 하지만 구체적으로 힘을 받게 하는 결정적인 두 가지가 있는데 그것은 바로 마스터플랜을 잘 수립해서 진행토록 하는 것과 앞에서 소개한 와이 사이클을 적용하여 진행하는 것이다.

우선 마스터플랜이란 계획서 속에 해당 촉진기구에서 해야 할 일들을 전부 집어넣어서 각각의 역할분담 대로 담당자를 분명히 정해 주고 또 언제까지 해야 한다는 일정상의 의지도 갖게 하는 것이 중요하다. 그리고는 주기적인 회합 때마다 이 마스터플랜을 보면서 결

116

과를 챙기면서 애로가 되는 점, 지원해야 하는 점, 계획의 보완 등을 점검하여 완성도를 높여가는 것이 와이 사이클이 되는 것이다.

● 동기부여

오랫동안 지속되는 일일수록 동기부여를 확실히 하는 것이 필요하다. '이 일을 계속하면 내게는 어떤 이로움이 있을까?' 하는 것에 분명한 자기 확신이 생기도록 해 주는 것이 동기부여다. 이는 리더십과 밀접한 관계가 있는 부분인데 가장 좋은 동기부여는 하고 싶은 일이 되도록 하는 것이다. 하고 싶은 그 자체로 충분한 동기부여가 되기 때문이다.

그리고 이 일을 하면서 자신의 능력이 신장되는 것을 느끼게 해주면 그것도 훌륭한 동기부여가 된다. 이러한 점이 가장 중요하다. 그리고 조직에서 상사가 중요시하는 일을 수행할 때도 동기부여가 크게 되기 때문에 리더들은 구성원들에게 그런 확신을 가질 수 있도록 진실한 행동을 하는 것 또한 중요하다. 또한 상이나 고과 평가 등의 가점으로 동기부여를 할 수도 있다. 이는 상황에 따라 다양하게 소화시켜야 하는 부분이기 때문에 리더십이 크게 작용하는 부분이다.

제6장 **리더십**

#리더십의 발목을 잡는 단기 업적주의

학습조직을 만들고 활성화시키는 데 있어, 리더십이란 결국 앞에서 논의한 학습조직을 이루는 요소들을 살려내는 것이 되어야 한다. 즉, 스마트한 파일체계를 잘 만들어야 하고, 조직이 목적에 충실하는 습관을 갖도록 해야 하고, 문제에서 배우는 습관을 갖도록 해야 하고, 또 학습촉진기구들을 활성화시키는 것을 의미한다. 이미 모든 것이 다 잘 돌아간다면 리더십은 필요 없을 것이다.

그러나 어느 현장엘 가도 그런 곳은 없다. 반드시 여러 가지 장애물들을 마주하게 되어 회사가 추구하는 것을 가로막기 일쑤다. 그래서 리더십이 올바르게 발휘되는 것이 가장 중요하게 작용한다. 이 말은 비단 학습조직을 만들고 활성화시키는 데만 적용되는 것이 아니다. 리더십이란 어느 분야를 막론하고 절대적으로 중요한 작용을 하기 때문이다.

그런데 오랫동안 컨설팅을 하면서 발견한 것이 있다. 이러한 리더십의 발목을 잡는 요인들 중 가장 비중이 큰 것이 딱 하나 있다. 단기 업적주의이다. 리더십에 대해 말하자면 여러 가지 내용들이 요구

될 수 있다. 그러나 그 중에서 '단기 업적주의' 이것 한 가지만 없어진다면 리더십의 효과가 크게 나타날 수 있다. 사람들이 근본적으로 조치를 취하고 본질을 살리려고 하는 것을 가로막는 것이 바로 단기 업적주의이기 때문이다.

훌륭한 학습조직을 만든다는 것은 그리 간단한 일이 아니다. 충분한 기간을 가지고 꾸준히 전원을 참여시키는 가운데 지속적으로 활동을 해야만 되는 성질의 일이다. 이러한 일의 걸림돌이 되는 것은 리더의 단기 업적주의에 있다. 단기 업적주의는 당장의 평가에 급급해 소신 있게 의사결정을 못하고 당장의 업적을 나타내는 것에만 노력을 경주하는 것을 의미한다. 그러다 보니 시간이 걸리는 것은 소홀히 하게 되고 빨리 할 수 있는 것에만 집중을 하게 되어 근본적인 시도를 못하게 된다. 결국 그것이 악순환으로 이어지는 결과를 빚어내고 있음에도 그것을 간과하고 생산성이 매우 떨어지는 눈앞의 현실에만 매달리는 것이다.

그런데 이러한 악순환을 대부분이 알고 있으면서도 어쩔 수 없이 끌려가고 있는 것이 현실이다. 누군가 영향력 있는 사람이 힘을 내어 소신껏 이끌어주지 않으면 절대로 저절로 수정되지 않는다. 그러나 그런 영향력 있는 사람이 쉽게 나타나질 않는다는 데에 큰 문제가 있다.

당장의 업적으로 자신의 평가를 좋게 받아야 하는 것에 아주 강하게 지배받고 있기 때문에 누구도 시간이 걸리는 일에는 노력을 경주하려 들지 않는다. 더구나 학습조직을 잘 만들고 활성화시켰을 때, 그 성과를 명확하게 숫자로 표현하기는 어렵기 때문에 더욱 그렇다. 이러한 우를 범하는 평가시스템이 하루 빨리 개선되는 것이 정말 중요한 과제이다.

그동안 현장에서 경험한 바에 의하면 이러한 평가시스템의 구조 아래에서 단기 업적주의를 벗어나지 못하는 문제가 가장 심각하다고 말할 수 있다. 제아무리 유능하고 올바른 가치관을 가지고 있다 하더라도 자신의 평가 앞에서는 어쩔 수 없이 소신을 버리고 마는 현상을 여러 곳에서 마주칠 수 있었다. 모든 문제를 파헤쳐 들어가 보면 최종적으로 가장 강하게 뿌리를 박고 있는 원인이 바로 단기 업적으로 평가를 하는 회사의 구조였다.

현재 삼류로 자리매김되어 있는 회사가 1~2년 사이에 일류 회사가 되기는 어렵다. 일류 회사들은 시장을 선점하는 것에 역량을 집중하여 다른 회사들보다 먼저 신제품을 시장에 내놓아 높은 이윤을 얻고 있다. 그런데 2, 3류 회사들은 그걸 뒤따라가기 바빠 뒤늦게 개발해 쫓아가는 상황에 처하게 된다. 그렇게 되면 이미 이윤을 낼 수 있는 여지가 없어진 터라 살아남기 위해 원가절감에 역량을 집중해야만 한다. 이런 상황이 계속되는 동안에는 일류 회사를 따라 잡을 수가 없는 것은 불을 보듯 뻔하다.

무언가 근본적인 시도를 하지 않고는 뒤집을 수가 없다. 그러한 근본적인 시도가 1~2년 사이에 이루어질 수도 없다. 따라서 정말 좋은 회사를 만들기 원한다면 정말 근본적인 시도를 꿋꿋하게 해야만 가능하다. 진정으로 의욕과 역량이 충분한 사람으로 하여금 소신껏 일할 수 있는 여건을 조성해 주어야 하는 것이다. 그렇게 해도 기업을 탈바꿈하기 어려운데 단기 업적주의는 아예 그러한 꿈도 꾸지 못하도록 만드는 작용을 한다.

현재 회사의 실권을 가지고 있는 사람들, 소위 오너(owner)라는 사람들은 이 점을 정말 심각하게 들여다보아야 할 것이다. 만약 그들이 경영권을 맡긴 사람들의 평가를 1년 단위로 하면서 인사에 반영한다면 거기에는 반드시 단기 업적주의의 폐해가 만연할 것이 분명하다. 그러면 그 다음부터는 조직 전체가 단기 업적주의에 매몰되어 진정으로 회사에 도움이 되는 변화가 일어나지 않게 된다. 역량이 있는 사람을 어떤 자리에 앉혔다면 그 다음엔 소신껏 일할 수 있는 여건을 조성하는 것인데 그 중에서 가장 우선해야 하는 것이 단기 업적주의가 살아나지 않도록 하는 것이다.

학습조직을 잘 만들기 위해서는 의사결정권자의 관심과 지도가 필요하다. 단기 업적주의가 팽배하게 되면 속성으로 성과를 낼 수 없는 일에는 관심이 멀어지게 되고 당연히 지도는 나타나지 않게 된다. 그렇게 되면 발전적인 일은 전혀 일어나지 않는다.

학습조직을 만드는 일은 밑그림을 잘 그리고 끈기 있게 그 그림을 완성시키기 위해 노력을 들여야 한다. 그러나 모든 조직원들이 참여해야 하며 오랜 시간을 필요로 한다. 이러한 이유로 상위의 의사결정권자들이 단기 업적에만 관심을 갖고 학습조직 만들기라는 근본적인 시도에 관심을 갖지 않으면, 그 다음부터는 어느 누구도 그 일에 힘을 들이지 않게 되기 때문이다. 뿐만 아니라 단기업적주의는 기업을 전체적으로 병들게 하는 아주 나쁜 현상이다. 이로 인해 회사의 경영은 호전되지 않고, 사원들의 만족도가 떨어지는 악순환이 계속될 수밖에 없는 것이다.

#대중활동 리더십의 기본 4덕목 : 반드시 갖춰야 할 덕목

학습조직을 만드는 것은 전원이 다 참여를 해야 하는 일이다. 즉, 어느 특정한 계층이나 분야에 종사하는 사람들만 하는 것이 아니고 회사에서 일을 하고 있는 사람들이라면 대부분 참여해야 하는 일이다. 이러한 것을 일컬어 대중활동이라 한다. 대중활동 활성화의 본질은 자발성이다. 즉, 모든 사람들이 자발적으로 참여하는 상태가 되면 이를 가리켜 활성화가 되었다고 말할 수 있다.

그런데 이러한 상황이 저절로 이루어지는 것은 아니고 반드시 리더십이 필요하다. 그냥 알아서 잘 되기를 바라면서 기다리고 있다면 아무것도 진행되지 않을 것이다. 대부분의 인원이 참여하는 대중활동이기에 더욱 그렇다.

대중활동을 활성화시키는데 필요한 리더십 중 가장 기본이 되는 요소가 있다. 바로 일관성, 솔선수범, 3현주의, 과정유도의 4요소가 그것이다. 이는 어떤 조직을 맡고 있는 리더라면 자신의 목표달성을 위해 함께 일하는 동료들을 제대로 움직이도록 하는데 꼭 필요한 것들이다. 리더라면 반드시 갖춰야 하는 덕목이라고 해도 과언이 아닌 요소들이다.

● 일관성

조직구성원들에게 자발성을 갖고 움직이게 하는 것은 그 어떤 것보다도 큰 위력을 발휘한다. 자발성이란 어떤 목적을 달성하기 위해 스스로 생각하고 궁리하고 아이디어를 내 행동으로 옮기는 것을 의미한다. 조직의 성과를 내는데 이보다 더 크게 작용하는 것은 없다. 공부하는 학생이 스스로 공부하려고 할 때 주변의 모든 시도들이 가장 효과적으로 도움을 주어 성적이 쑥쑥 올라가는 것과 같은 이치이다.

회사에서도 모든 구성원들이 스스로 하려고 할 때 가장 크고 좋은 성과를 낼 수 있다. 스스로 하려고 할 때에만 자신도 알지 못한 내면의 놀라운 잠재력이 발휘될 수 있기 때문이다. 스스로 하려고 하는 성질, 이것이 바로 자발성이다. 자발성을 발휘하는데 가장 크게 영향을 미치는 것은 일관성이다.

일관성이란 상황의 변화에 상관없이 목적을 이루려는 의지를 한

결같이 지속적으로 발현하는 성질이라 할 수 있다. 즉, 지금 학습조직을 만드는 것이 목적이라면 그 목적을 달성하기 위해 변함없이 꾸준히 노력을 경주하는 모습을 보이는 것이라 할 수 있다. 시간이 지나면서 회사나 조직이 처한 상황이 많이 바뀌기 때문에 이러한 상황 속에서 일관성을 유지한다는 것은 그리 쉬운 일이 아니다. 따라서 리더의 의지로 일관성을 유지하도록 노력을 해야만 가능한 일이다. 그래서 리더십에 해당되는 아주 중요한 덕목이 되는 것이다.

일관성은 크게 다섯 종류가 있다.

첫 번째 것은 의지적 일관성이다. 이는 리더의 의지 속에 나타나는 일관성을 의미하는 데 어떠한 일의 목적을 분명히 인식하고 그 목적을 달성하려는 의지가 강할 때 나타나는 일관성이다. 목적을 달

종 류	설 명
의지적 일관성	생각(가치관 또는 기준)이 목적에 확고히 연결되어 있어 상황에 따라 오락가락하지 않는 것
언어적 일관성	동일한 대상과 경우에는 항상 동일한 용어를 사용하는 것
행위적 일관성	상황이나 상하의 구별 없이 법/규칙/약속을 지키는 것
시간적 일관성	시간이 흘러도 한결같은 것
위계적 일관성	자신의 생각과 말과 행동이 회사와 상사의 방침과 Align되어 있는 것

성하려는 의지가 강하면 상황이 아무리 변해도 그 의지가 변하지 않기 때문에 일관성이 소멸되지 않는다.

의지적 일관성은 목적을 분명히 인식하는 것에서 비롯된다. 그래서 목적을 잊지 말라는 점을 강조하는 것이다. 목적을 잊게 되면 거세게 다가오는 상황에 흔들릴 수 있다. 그렇게 되면 목적과 상관없는 일들이 마구 만들어지면서 조직 전체가 유효성이 없는 일을 하게 되는 결과로 이어지게 된다. 따라서 리더 자신이 목적에 충실한 가치관이나 기준을 확고하게 가지고 있으면서 구성원 모두에게 그것을 인식시켜 주는 일을 지속적으로 할 때 의지적 일관성이 확고하게 살아서 자발성으로 이어지게 되는 것이다.

두 번째는 언어적 일관성이다. 이는 조직 내에 통용되고 있는 모든 용어가 통일되었을 때 나타나는 일관성이다. 즉, 동일한 사물이나 대상에는 항상 동일한 용어를 사용하는 것을 의미한다. 이러한 언어적 일관성은 소통의 질과 속도를 높여 구성원들의 행동이 목적에 부합하도록 한다. 즉, 적은 노력으로 큰 성과를 가져오게 하는 작용을 일으키는 것이다.

언어의 일관성이 나타나고 있는 조직에서는 소통을 위한 노력을 들이지 않아도 이미 상당 부분 소통이 이루어진 상태가 저절로 만들어진다고 할 수 있다. 따라서 구성원들이 스스로 다음에 해야 할 일들의 예측이 가능하게 되고 이러한 예측이 가능하게 되면 바로 자발성이 살아나는 효과로 이어지는 것이다.

세 번째는 행위적 일관성이다. 이는 조직의 상황이나 지위의 상하에 관계없이 조직 내에 정해져 있는 법과 규칙, 기준 등 모든 정해진 것들을 한결같이 지키는 것을 통해 얻어진다. 정해진 대로 행동한다는 것이 모두의 마음속에 자리 잡고 있으면 조직 내의 신뢰감이 향상되고 이를 바탕으로 각 개인들이 자신이 해야 할 일을 스스로 알아서 하는 경향이 더 활발하게 살아나게 된다.

이러한 행위적 일관성이 없으면 의심과 불신이 난무하게 되고 그렇게 되면 불필요한 확인작업이 파생되어 생산성이 떨어지고 일처리가 지연되는 결과로 이어진다. 따라서 스스로 무언가를 하려는 의욕이 저하되는 상황이 만들어지게 되는 것이다.

네 번째는 시간적 일관성이다. 이는 시간이 아무리 흘러도 변함이 없는 것을 의미한다. 특히 조직에서 상사들의 태도가 시간이 지나도 일관되게 유지되는 것이 매우 중요하다. 상사의 태도는 곧바로 구성원들의 행동으로 이어지기 때문이다. 동일한 사안에 대해 상사의 태도가 수시로 달라지면 구성원들은 무엇을 어떻게 해야 할지 종잡을 수 없게 된다. 그러면 그냥 주어지는 일만 기다리는 현상으로 이어지게 된다.

상사의 태도가 달라지는 것은 바로 정책이나 전략의 변경으로 이어진다. 그럴 때에 시간적 일관성이 사라지게 되면서 추진력을 잃게 되는 것이다. 물론 잘못된 것을 고치는 것은 시간적 일관성을 유지하는 것보다 우선한다. 그러나 잘못된 것이 없다면 정책이나 전략을 변경하는 것은 조직 전체의 흐름을 왜곡시켜 득보다 실이 더 커지게 된다. 시간이 흘러도 변함없이 방향을 유지하며 더 깊이, 더 충실하게 흘러가도록 하는 것이 조직 전체의 자발적인 탄력을 가장 높게 할 수 있는 비결이라 해도 과언이 아닐 것이다.

다섯 번째는 위계적 일관성이다. 이는 조직의 각 계층간에 가치관이 일치되는 것을 의미한다. 즉, 어느 계층에 위치할지라도 동일한 가치관으로 임하게 되어야 모든 조직 구성원이 한 방향으로 일사불란하게 움직여서 그 성과를 최대로 만들어낼 수 있는 것이다. 가치관이 동일하면 말과 행동이 통일이 된다. 그렇게 되면 모든 구성원들이 말하지 않아도 방향감각이 생기게 되면서 자발적인 움직임의 폭이 커진다. 조직에는 그것이 가장 큰 힘이 되는 것이다.

리더라면 어느 위치에 있든 상관없이 가장 우선적으로 위의 다섯 가지 일관성을 스스로 발휘해야 한다. 이러한 일관성이 조직을 이끄는데 가장 중요한 리더십의 덕목이라는 것을 잊어서는 안된다.

● 솔선수범

모든 조직에는 다양한 사람들이 존재한다. 이들은 조직에서 상사의 영향을 직접적으로 받아 움직인다. 그런데 어떤 사람이 위에 있느냐에 따라서 그 움직이는 정도에 차이가 난다. 바로 리더십에 의한 차이이다. 앞에서 설명했던 일관성을 기저에 깔고 난 다음에 필요로 하는 덕목이 솔선수범이다.

솔선수범은 목적을 분명히 인식하는 것에서부터 시작한다. 즉, 누구든지 자신의 존재 이유를 명확히 인식해야 그 다음부터의 언행의 유효성이 높아지는 것이다. 목적에 근거를 두지 않은 말이나 행동은 아무런 효과도 없이 사라지고 만다. 그냥 시간과 노력만 낭비하게 만드는 것이다. 따라서 목적을 분명히 인식하는 것이 매우 중요하다.

그 다음은 언행이다. 책임 있는 위치에 있는 사람일수록 자신이 행하는 것보다 아랫사람이 행하는 일이 많기 때문이다. 실제로 일을 수행하는 사람들에게 최선의 성과를 내도록 하기 위하여 말로 무언가를 지도하고 지시해야만 한다. 물론 이 말은 이미 인식한 목적을 달성하게 하는 데 초점을 맞추고 있음은 말할 나위가 없다. 이렇게 말로 표현을 하고 난 다음에는 말을 한 본인이 자신이 말한 것과 일치하는 행동을 보여야 한다. 이렇게 할 때 솔선수범한다고 할 수 있는 것이다.

가령 어떤 상사가 시간을 잘 지키라는 것을 강조한다면 조직원들은 지극히 당연한 것으로 받아들일 것이다. 그러나 그 상사가 정작 자기 자신은 회의시간에 늦게 참석하기 일쑤라면 모두들의 마음속에 '시간을 잘 지키자'는 관념이 생기는 것이 아니라 '시간은 조금 안 지켜도 되는 것'이라는 관념이 자리 잡기 시작한다. 그렇게 되면 시간을 잘 지키는 일은 기대할 수 없게 되어 버린다. 상사의 행동이 평소에 그가 강조했던 말과 일치하지 않는다면, 상사가 하는 말의 위력은 아주 형편없이 줄어들게 되는 것이다.

본서에서 다루고 있는 파일2S의 예를 보아도 마찬가지다. 구성원들에게는 파일을 서버에 체계적으로 잘 정돈해 놓으라는 지시만 하고 본인은 그 지시 내용과 상관없이 파일관리를 하고 있다면 이는 구성원들이 파일관리를 잘 하지 않아도 된다는 것을 암묵적으로 인정하는 것과 다름없다.

솔선수범하지 않은 상사의 지시는 힘을 잃게 되는 것이다. 이런 경우가 발생하는 것은 분명 그 상사가 파일2S의 목적을 잘 인식하지 못하고 있기 때문이거나, 아니면 당장 더 급한 일들로 악순환을 맴돌고 있기 때문일 가능성이 높다. 즉, 앞에서 설명한대로 솔선수범의 시작은 목적을 분명히 인식하는 것에서 비롯되는 것이기 때문이다.

솔선수범이란 말로는 다할 수 없는 리더십을 발휘하는 것이다. 특별히 역량이 좋으면서도 의욕이 없는 눈치꾼들에게 상사의 솔선수범은 필수적이다. 그동안 경험해본 조직 중에는, 역량은 좋은데 의욕이 없는 사람들이 과반수 이상을 차지하고 있는 곳이 많았다. 이들의 마음을 움직여 의욕적으로 만드는 데는 상사의 솔선수범이 결정적으로 작용한다. 이들은 말로는 아무리 해도 그 마음이 움직이지 않는다. 상사가 언행일치의 모범을 보일 때 비로소 움직이는 속성이 있다.

상사 자신이 모범을 보이지 않으면 아무리 말을 강하게 하고, 많이 하더라도 이들의 자발성은 살아나지 않는다. 해야 하는 일이 힘들 경우에는 더욱 그렇다. 겉보기에는 하는 척하는 것을 너무 잘 한다. 그러나 깊이 있게 그 내용을 파악해 보면 별로 내실이 없고, 표면적으로만 일을 하고 있다는 것을 금세 알 수 있다. 이런 것이 바로, '그냥 하는 척 하는 곳'에서 나타나는 증상이다. 의식적으로 정신무장이 잘된 상사가 솔선수범을 보일 때, 상사의 말에 힘이 실리게 된다. 솔선수범은 구성원들을 의욕적으로 움직이게 하는 가장 필수적인 리더십의 덕목이라 말할 수 있다.

● 3현주의

앞서 제시한 일관성과 솔선수범으로 사람의 마음과 태도를 자발적으로 바꾸었다면 그 다음엔 행동의 변화로 옮겨져야 한다. 행동의 변화를 일으키기 위해 가장 우선 되어야 하는 것이 상사들의 3현주의 감각이다. 3현주의(三現主義)란 '현장(現場)에서 현물(現物)을 보고 현상(現狀)을 파악하는 것'을 의미한다. 즉, 현장, 현물, 현재를 의사결정의 근거로 삼아야 한다는 것이다.

이것은 조직이 있는 곳이라면 적용되지 않을 곳이 없을 정도로 중요한 덕목이다. 경험에 비추어 볼 때, 3현주의의 부실함으로 인해 사고가 발생하거나 일을 더 힘들게 만드는 현상은 어디에나 존재한다. 특히 제품이나 상품이 만들어지는 현장과 멀리 떨어져 있는 사람일수록 더욱 그렇다. 즉, 조직의 상부로 올라가면 갈수록 3현주의가 부실해져 실제 상황과 동떨어진 방향으로 이끌거나 그릇된 의사 결정을 하는 경우가 많다.

이 역시 조금만 깊이 현상파악을 해보면 금세 알 수 있다. 3현주의의 부실함이 상부조직으로 올라가면 갈수록, 더 넓게 조직에 나쁜 영향을 미치게 된다. 이러한 현상은 시간적인 여유가 없는 곳이나, 이미 악순환 속에 들어가 버린 곳이라면 반드시 나타난다. 여기에 단기 업적으로 평가를 받게 되면 마음이 더 급해져, 부실함은 더 가중된다. 실제로 일을 수행하는 사람들은 매우 고단해지는 상황이 만들어지는 것이다.

그런데 이 말은 지금의 상황에서 문자 그대로 적용하여 현장에서 현물을 보려고 하기에는 상황이 조금 애매한 점이 많다. 이 말이 처음 나왔을 때에는 생산현장의 비중이 커서 그 생산현장에만 초점을 맞추면 되었기에 별로 문제가 없었는데 지금은 이에 대한 새로운 정의가 요구된다. 즉, 현장에서 일을 하는 사람들에게는 앞에서 정의한 대로, '현장에서 현물을 보고 현상을 파악한다'는 것이 그대로 적용되어야 하지만, 현장엘 좀처럼 갈 형편이 못 되거나 직접 생산을 하지 않는 조직의 상사들에게는 이것을 새로운 정의로 이해하고 무장하는 것이 필요하다. 오랫동안 컨설팅 현장에서 활동하면서 새롭게 내린 정의는 다음과 같다.

언제든, 무엇을 하든 목적을 분명히 인식하는 것은 가장 중요하

어떤 일의 **목적**을 분명히 인식하고
그 일의 **수행자 입장**에서 바라보아
Bottleneck 부분을 명확히 짚어서
상황 혹은 상태를 파악하는 것

다. 특히 상부 조직으로 올라갈수록 더욱 그렇다. 이는 앞에서, '목
적에 충실하는 습관'으로 다룬 내용인데, 3현주의로 무장을 하는 데
도 역시 가장 우선되어야 한다. 하지만 목적을 분명히 인식한다는
것은 그리 쉬운 일이 아니다. 한편으로는 무능해서 그럴 수도 있고,
다른 한편으로는 현실 안주나 타협하려는 성향에 의해 그렇게 될 수
도 있다.

무능한 경우는 목적을 지각하는 능력이 없는 것인데, 사실 이런
성향의 소유자라면 리더로 발탁되지는 않는다. 대부분의 리더들은
이 정도의 능력은 다 갖추고 있다. 목적을 간과하는 것이 문제다. 오
랜 타성 때문에 목적이 가려지는 경우도 있고, 당장 눈앞의 불리함
을 피하기 위해 목적을 제쳐놓는 경우도 있고, 대세에 휩쓸려 지나
치는 경우도 있다. 이 세 가지는 너무도 흔히 볼 수 있는 것들인데
무엇보다 이런 것들을 없애야 하는 것이 진정한 3현주의로 무장할
수 있는데 필수적이다.

따라서 최고위 상부 조직에서부터 목적을 분명히 인식하는 것이 시작되어야 조직 전체도 그렇게 되는 것이다. 목적을 분명히 인식한 다음에는 그 일을 직접 수행하는 사람의 입장에 서서 그 일을 바라보아야 한다. 그 사람이 처한 환경과 상황 속에 자신을 대입시키고 그 일을 바라보는 것이 3현주의인 것이다. 그래야 무엇이 문제인지 보이기 때문이다. 그래야 비로소 그 일을 수행하는 데 걸림돌(bottleneck)이 되는 부분을 명확히 짚어낼 수 있게 된다. 걸림돌 부분을 명확히 짚어내야 제대로 된 대책도 강구할 수 있다.

3현주의의 결여는 그 폐해가 너무 크다. 그런데 이러한 폐해가 3현주의의 결여에서 비롯된다는 것을 알아채는 것이 그리 쉽지 않다. 악순환의 굴레를 그럴 수밖에 없는 것처럼 꾸역꾸역 지내는 경우가 대부분이다. 대부분의 악순환을 선순환으로 전환시키는 실마리는 3현주의가 살아날 때 가능한 일이다. 이러한 3현주의는 다음에 소개할 과정유도가 가능할 정도로 현상파악이 되어야 잘 된 것이라 할 수 있다. 결국 실무자들을 구체적인 방법이나 방안을 제시하며 이끌어갈 때 비로소 진정한 변화를 기대할 수 있기 때문이다

● 과정유도

쉬운 일이라면 과정을 유도할 필요가 없다. 그러나 오늘날의 기업들은 치열한 경쟁 속에서 풀어내야 할 과제들이 계속 밀려오고 있는 상황이다. 그런데 그것을 풀어내지 못하면 악순환이 형성되면서 일

이 점점 더 꼬이고 힘들게 된다. 그래서 그것을 풀어내도록 유도하는 것이 바로 과정유도이다. 이러한 과정유도는 3현주의로 무장되지 않으면 제대로 해낼 수 없다.

그런데 많은 사람들이 오해를 하고 있는 부분은 3현주의로 무장하는 것보다 과정유도에 힘을 쏟고 있다는 것이다. 대부분의 회사에서 일어나고 있는 회의를 들여다보면 이를 금세 알아챌 수가 있다. 현상파악이 제대로 되지도 않은 채 방향을 정하고 방법을 강구하면서 엄청난 에너지를 낭비하고 있기 때문이다.

단언하건대 지금의 그 노력을 3현주의 무장에 쏟는다면 모든 일들은 훨씬 수월해 질 것이라 확신한다. 진정한 3현주의에 의해 현상파악이 명확히 되기만 한다면, 사실 과정은 저절로 유도된다고 해도 과언이 아니다. 과정유도가 어려운 것이 아니라 3현주의가 어려운 것이다. 어렵지만 필수적인 것이다. 즉, 과정유도를 해주어야 문제가 풀리고 일이 진척되지만 3현주의 없는 과정유도는 엉뚱한 과정으로 이끌어 악순환을 가속시키기 때문이다. 정말 과정유도를 잘하고 싶다면 3현주의 무장을 더욱 철저히 하는 것이 필요하다.

#자발성을 살리는 동기부여 7요소

앞 장에서는 리더 자신이 변해야 하는 것들을 다루었다면 여기에서는 조직 내의 다른 사람들을 변화시키기 위한 것들을 다룬다. 리더의 성과는 결국 구성원들이 움직이는 결과로 나타난다. 여기에서도 자발성이 받쳐줄 때보다 더 큰 힘이 되는 것은 없다.

앞에서 거론한 학습의 성과와 학습자발성의 관계와 동일한 것이다. 학습자발성은 학습에 초점을 맞춘 것이라면 여기서의 자발성은 그보다도 더 바탕에 위치하는 리더십의 기본적인 내용을 다루는 것으로 이해하면 된다. 즉, 이러한 자발성이 살아나면 그 위에 학습자발성을 살리기 위한 시도를 하는 식의 순서가 되는 것이다. 기본이 되는 자발성이 토대가 되어야 자주학습 분위기가 그 위에서 잘 자라날 수 있는 것이다. 즉, 이 내용은 비단 학습뿐만이 아니라 사람이 있는 곳이라면 어느 곳에든 적용되는 것이다.

이 내용 역시 현장에서 오랫동안 현업 밀착지도를 통해 정립된 것들이다. 사람들이 자발적으로 움직이는 것에는 적어도 아래의 7가지의 동기부여 요소가 작용을 하고 있음을 확인한 것이다.

- 관심과 인정 ·················· 자존감
- 인센티브 ······················ 공정한 보상
- 납득 ··························· 개념과 당위성
- 사유화 ························ 주인의식/책임감
- 비전 ························· 방향감
- 얼라인먼트 ·················· 기여감
- 성장과 연결 ················· 성장감

● 관심과 인정

모든 사람에게는 자존감이 있다. 자기의 존재가치를 인정받고 싶은 심리이다. 이것을 느끼지 못하는 사람은 의욕이 침체되어 일을 열심히 하지 않게 된다. 당연히 성과를 잘 낼 수 없게 되는 것이다. 인간의 가장 밑바닥에서 작용하는 것이 자존감이다. 이 자존감을 확실히 느끼게 해 주는 것에서부터 사람의 자발성이 싹트는 것이다. 그런데 조직에서는 바로 직속상사의 영향을 가장 많이 받기 때문에 결국 직속상사가 이 자존감을 살려주느냐 죽이느냐를 결정하는 것이나 다름이 없다.

자존감은 상사의 관심과 인정을 통해 살아난다. 상사가 자신이 하

고 있는 일에 관심을 갖는 것으로부터 자신이 하고 있는 일이 중요하고 가치 있는 일이라는 생각을 갖기 시작한다. 이는 바로 자신이 여기서 진정으로 필요한 사람이라는 생각으로 이어진다. 그런 심리 상태가 자존감이 높다고 할 수 있는 것이다. 여기에 자신이 인정받고 있다고 느끼게 해주면 자존감은 더욱 살아난다. 인정받고 있다고 느끼게 하는 수단은 칭찬밖에 없다. 그래서 상사는 칭찬거리를 찾는 데 게을리 하면 안된다. 아주 작은 것이라도 놓치지 않고 찾아내 칭찬하는 것은 아무리 자주해도 과하지 않다. 간단히 생각하면 자존감 살리기는 너무 쉽다. 칭찬할 일을 찾는 것은 그리 어렵지 않기 때문이다.

그런데 보통은 칭찬보다 질타와 꾸짖음이 더 빨리, 더 자주 나온다. 그 이유는 결과만으로 상황을 바라보기 때문이다. 결과는 과정을 몰라도 우리 눈에 금세 보이기 때문에 즉시 판단하여 표현으로 옮길 수 있다. 그런데 대부분의 결과는 만족스럽게 나타나지 않는 것이 기업 내의 정황이다. 대부분의 조직들이 목표를 높게 잡기 때문에 그 결과가 그리 쉽사리 만족스럽게 나타나지 않기 때문이다. 그러니 목표에 미달하는 결과가 가장 먼저 보이는 상황에서 칭찬이 먼저 나올 리가 없는 것이다. 그래서 현실적으로 칭찬을 하는 빈도가 높지 않은 것이다. 그렇다고 칭찬을 잘하기 위해 목표를 낮게 설정하는 것은 말이 되지 않는다.

칭찬은 과정을 세심하게 파악하지 않고는 할 수가 없다. 높은 목표를 달성하기 위해 애쓴 과정 속에는 칭찬거리가 무수히 들어 있다. 이것을 파악하기 위해 필요한 것이 바로 앞에서 소개한 리더십의 기본 4덕목 중 하나인 3현주의로 무장하는 것이다.

구성원들의 업무 수행 과정을 일일이 찾아보는 것은 어렵다. 그러나 유능한 상사일수록 업무의 맥을 잡고 그 맥이 되는 부분을 깊이 파악하여 칭찬거리를 찾는다. 칭찬거리를 찾기 위해 깊이 파악하는 것이 아니라 성과를 내기 위해 맥을 짚어 깊이 파악하다 보면 칭찬거리가 찾아지는 것이다.

이런 상사에 의해 움직여지는 조직은 구성원들의 자존감이 높고 그로 인해 자연히 자발성도 높아진다. 행복감도 높아진다. 반면에 무능한 상사일수록 결과만을 가지고 큰소리로 질타하는 것을 자신의 관리방식으로 삼는다. 큰소리만 질러대면 되니까 그보다 쉽고 편한 방법이 없기 때문이다. 다행히 유능한 조직원들이 많아서 성과를 잘 내게 되면 자신의 관리방식이 옳은 것으로 착각하고 질타를 멈추지 않는 경우도 실제로 존재한다. 이러한 상사와 함께 일하는 사람들은 자존감이 낮고 행복감도 낮다. 일하는 직원들의 행복을 담보로 하는 성과는 오래 지속되지 못한다.

● 인센티브(Incentive)

인센티브는 성과에 대한 보상이다. 구성원들이 '아! 내가 일을 잘하면 저런 보상을 받겠구나!' 하고 구체적으로 인식하도록 동원되는 수단을 통틀어 인센티브라고 한다. 이러한 동기부여 수단 중에서 가장 대표적인 것이 포상제도이다. 그리고 연봉제에 고과실적을 반영하는 것, 상여금을 늘리는 것, 제안제도, 특허보상제도 등등 여러 종류의 방법이 있다. 그런데 대부분의 회사에서는 이러한 제도들이 그리 활성화되어 있지 못한 채 운영되고 있다. 즉, 개개인의 마음에 뜨거운 열정이 생기도록 동기를 부여하지 못하고 있는 것이다.

포상제도는 포상의 범위가 너무 좁아서 구성원 모두에게 동기를 부여하는데 극히 제한적이다. 즉 상을 받는다는 것이 나와는 상관없는 일로 여겨져 마음을 움직이는 작용을 전혀 못하는 것이다. 그야말로 아주 특별한 사람이거나 운이 좋아야 받는 것이라고 생각하는 것이다. 그나마도 나눠 먹기식으로 돌아가며 상을 받도록 운영을 하는 경우가 있는데 그렇게 되면 인센티브의 기능은 거의 상실된 것과 같다.

또한 상여금제는 개인별로 고과하는 것과 단체로 고과하는 것이 있는데, 개인별로 고과하는 것은 대부분 상대평가라 동기부여가 되는 사람이 있으면 역으로 동기저하가 되는 사람도 있어서 그다지 큰 효과를 내지 못한다. 단체 고과는 개개인의 마음에 와 닿는 효과가 크지 않다.

제안제도나 특허보상제도 등은 실제의 성과 대비 보상되는 상금의 규모가 너무 적어서 그리고 특정 업무 그룹에 속한 사람들에게만 해당될 수 있는 성격이 강해서 전원에게 주는 동기부여가 그리 크지 못한 실정이다. 물론 이 제도의 혜택을 받는 사람에겐 도움이 된다. 단지 그 범위가 좁다는 것에서 인센티브로서의 제약이 있다는 것이다.

따라서 회사 차원의 인센티브 제도는 그 범위가 극히 제한적이고 적용의 경직성 때문에 전원에게 고르게 적용되는 정도가 매우 낮다. 그래서 전원을 동기부여하기 위한 방법을 강구하는 것이 필요하다. 이를 위해서는 그 규모와 운영규정 등을 자율적으로 적용하도록 적절하게 열어놓을 필요가 있다. 즉, 회사의 조직이 분화되는 단계를 따라 내려가면서 일정한 범위 내에서의 자율권을 허용하며 말단 조직에까지 이르도록 하는 것이다.

예를 들어, 회사 차원에서 어떤 사업부에 일정액을 포상하면, 그 사업부에서는 포상 받은 상금을 자율적으로 한 단계 낮은 조직 단위들에게 다시 포상하고, 또 동일한 방식으로 그보다 한 단계 낮은 조직 단위들에게 다시 포상하는 식으로 계속 분화시켜 결국엔 개인까지 퍼져 내려가도록 하는 방식이다. 이 방식이 절대적이라는 뜻은 아니다. 다만 실제로 일하는 모든 사람들에게 진정한 동기부여가 되는 인센티브 제도가 필요하다는 것을 강조하고 싶다.

인센티브는 구성원들이 가장 직접적으로 느끼는 요소이므로 실효성이 가장 크다. 따라서 이에 대해서는 좀 더 차원을 달리 해 연구할 필요성이 있다. 이의 시작은 권한 이양으로부터 될 것이다. 즉, 가장 가까이에서 지내는 바로 위의 직속상사가 직접 포상을 할 수 있게 하는 분위기를 만들어 준다면 그 인센티브 효과는 최대로 얻을 수 있을 것이다.

● 납득

납득이란 어떤 일을 행함에 있어 그 일의 당위성을 인식하도록 하는 것을 의미한다. 즉, 지금 하고 있는 일은 반드시 해야만 하는 일, 당연히 해야 하는 일이라고 여기게 된다면 납득이 되었다고 할 수 있다. 이러한 납득이 없다면 자신의 뜻으로 움직이는 것이 아니라 타의에 의해 이끌리는 것이다. 즉, 자발성 없이 움직이는 상태가 되어 그 움직임에 생명력이 존재하지 않는다. 그런 상태로는 일의 성과를 기대할 수 없다. 열과 성을 다해 일할 때, 새로운 아이디어가 떠오르면서 더 높은 성과를 창출하는 결과로 이어지는 법이다. 자발성이 없는 상황에서는 그런 일이 벌어지지 않기 때문이다.

납득은 목적과 개념의 인식에서 온다. 지금 하려고 하는 일의 목적을 분명히 인식하고, 그 목적을 달성하는 데 있어 지금의 일이 어떻게 연관되어 작용하는지 분명히 인식하면 비로소 납득이 된 것으로 볼 수 있다. 납득되지 않은 상태로도 일은 진행된다.

그러한 상태로 일을 하는 곳에는 틀림없이 상사가 말을 많이 한다. 스스로 알아서 일을 하는 것이 아니라 상사가 시켜야만 움직이는 곳이기 때문이다.

목적과 개념이 인식되어 있질 않으니 스스로 방향을 잡고 열심히 움직일 수 없는 것이다. 어떤 경우에는 상사가 없으면 일이 돌아가지 않는 경우도 발생한다. 그러면 그 상사는 자신의 역할이 아주 크고 중요한 것으로 착각을 한다. 사실은 구성원들을 로봇처럼 만들고 있는 무능한 상사임을 보이고 있는 상태임에도 불구하고 자신의 말이 있어야만 진행된다는 것만으로, 자신이 없으면 일이 돌아가지 않는다며 스스로를 과대평가하는 경우도 있다.

상사 자신의 목적이 분명하지 않고 목적을 달성하려는 방법에 대한 개념이 서 있지 않으면, 상황이 닿는 대로, 닥치는 대로 지시하게 되어 모두가 거기에 휩쓸려버리게 되고 우왕좌왕하게 된다. 지시하는 것이 아니라 목적을 분명히 하고 그것을 달성하기 위한 방법의 개념을 선명하게 하는 것이 선행되어야 한다. 그래야 구성원들을 납득시킬 수 있다. 구성원들은 일단 납득이 되면 자발성이 살아나 스스로 움직이게 된다.

● 사유화(Ownership)

사유화의 언어적인 의미는 개인의 소유로 만드는 것이다. 즉, 어떠한 일이나 목표 등에 대해 주인의식을 갖게 하는 것을 의미한다. 자본주의 사회가 빠르게 발전하는 것과 비교해 공산주의 사회가 몰락한 것으로부터 우리는 이미 사유화의 위력을 확인한 바 있다. 개인의 소유를 인정하는 것만으로도 엄청난 자발성을 이끌어낼 수 있는 것이다.

자발성을 살리는 데는 자기 것을 위해 일하도록 하는 것보다 더 큰 요소는 없다. 세상의 모든 것을 개인의 소유로 만드는 것은 불가능하지만 결국 자신의 것이 되어 돌아온다는 생각으로 이끄는 것이 필요하다. 이렇게 하는 것이 관리의 기술이다.

결국 사유화란 모든 업무에 대한 주인의식을 명확하게 심어주는 것이다. 이러한 사유화의 성공은 목표의 분화에 달려 있다. 즉, 목표를 잘 분화해서 각 개인에게 분명하게 분담을 해주면 자동적으로 업무의 주인을 정해주는 효과를 얻는 것이다. 결국 목표를 위한 업무이기 때문이다.

목표 분담이 정확하게 되었을 때부터 책임감이 생기고, 이 책임감은 자발성으로 이어진다. 이는 앞에서 말한 '목적에 충실한 습관'에서 논의한 것이다. 회사의 목표가 분화되어 내려가면서 개인단위까지 연결이 될 때 비로소 사유화의 성공을 기대할 수 있다.

상사의 목표를 그냥 슬라이딩 시켜 그대로 갖다 놓는 것과는 질적으로 차이가 있다. 개인의 목표는 철저히 개인적으로 분화되어 독립적으로 존재한다. 이러한 개인의 목표를 전부 합하면 바로 직속상사의 목표가 되고 그들의 목표를 합하면 차상위상사의 목표가 되는 관계로 연결되어야 한다. 즉, 하위단위로 분화되어 내려갈수록 점점 구체적으로 분해되어 개인에 이르러서는 분명히 무엇을 해야 하는지를 담고 있는 것이 진정으로 잘 설정된 목표인 것이다. 이는 결코 쉬운 일이 아니다. 그렇게 분화시켜 내려가는 것에는 업무의 본질을 바탕으로 한 예리한 통찰력이 필요하기 때문이다.

잘 설정된 목표는 보는 것만으로도 개인의 마음을 자극한다. 즉, 무엇을 해야 하는지 머릿속에 막 떠오르게 하여 자발적으로 움직이도록 하는 작용을 하는 것이다. 이런 상태가 되기만 한다면 사유화의 절반은 성공한 것이다. 목표가 분명하게 사유화되기만 하면 그에 따르는 업무는 자연적으로 사유화되어 자발적으로 진행하는 현상으로 이어지게 된다. 거기에서 큰 힘이 나타나는 것을 기대할 수 있는 것이다.

그 다음에는 시간이 흐름에 따라 목표의 달성 정도를 눈에 보이도록 하는 것이다. 아무리 잘 설정된 목표라 하더라도 수시로 그 달성 정도를 눈에 보이게 하지 않으면 사유화의 개념이 살아나지 않는다. 따라서 모든 목표 항목에 대해서는 전부 시계열적인 트렌드로 그 목표 달성 정도를 눈에 보이게 해야 한다. 그러기 위해서는 숫자로 표현하여 엑셀시트를 통한 그래프를 만드는 것이 필요하다. 이렇게 눈에 보이게 한 것을 적어도 주간 단위로 회합을 통해 전원이 확인하면서 자발성을 촉진하도록 하는 것이다.

● 비전(Vision)

비전이란 말은 아주 많이 쓰이면서도 그 의미가 모호하여 분명하지 않다. 그러나 여기에서의 비전은 미래에 이루고자 하는 최종적인 모습을 의미한다. 무엇이든 최종적으로 되어야 하는 모습을 분명히 가진다면 그것이 바로 비전이다. 이는 한 사람에 있어서도 여러 개가 존재할 수 있다. 즉, 자신이 최종적으로 되고자 하는 모습을 말할 수도 있고, 자신이 하고 있는 일들을 통해 얻고자 하는 것이나 상황에 대한 모습일 수도 있다.

가깝게는 현재 하고 있는 일의 산출물이 나와야 하는 모습을 머릿속에 가지고 있다면 그것도 비전이 되는 것이고, 멀게는 그 일이 점점 발전하여 나중에는 어떠한 모양으로 될 것인지를 구상하고 있다면 그것도 비전이 되는 것이다. 즉, 지금 당장엔 확실히 잡히거나 이루어진 것이 없지만 머릿속에 어떤 그림이나 이미지나 구상을 가지고 있다면 그 모든 것을 비전이라고 할 수 있는 것이다. 즉, 자기가 이루고자 하는 것들은 모두 비전이라고 할 수 있다.

비전은 방향감각을 잃지 않도록 해준다. 사람은 목적이 분명하더라도 목적지가 눈에 보이지 않으면 방향이 흔들려 우왕좌왕하게 되어 시행착오를 겪게 된다. 비전이란 아직 이루어지지 않은 것을 눈에 보이게 하는 작용을 한다. 지금 당장 어떤 일을 하든지 그 일에 대한 결과가 눈에 보이듯 선명하게 머릿속에 자리잡고 있어야 그 일을 목적에 맞게 제대로 할 수 있는 것이다.

아무리 유능한 상사라도 구성원들의 일거수일투족을 일일이 지시하여 최상의 성과를 내도록 할 수는 없다. 또한 아무리 유능한 상사라 할지라도 전 구성원들이 스스로 그리는 비전보다 더 좋은 비전을 그릴 수는 없다. 그래서 스스로 비전을 갖도록 하는 것이 중요하다.

비전도 목적을 분명히 인식하는 것에서부터 그 생성이 시작된다. 즉, 무엇보다도 중요한 것은 확실하게 목적을 인식하는 것이다.

비전을 갖는 것은 습관이다. 보통 일을 잘하는 사람들에게 있어서는 어떤 것, 어떤 일이든지 처음에 의도했던 것이 이루어지면 거기서 끝나는 경우는 없다. 그보다 더 나은 모습인 그 다음의 모습이 사람들의 머릿속에 그려지기 때문이다. 이는 일종의 사고 습관이다. 결국 어떤 회사의 구성원들이 얼마나 이러한 끊임없는 비전을 생성해 내느냐가 그 회사의 경쟁력이 된다고 할 수 있을 것이다.

비전은 큰 그림만이 아니다. 작은 것에도 비전이 있다. 그리고 비전은 성장한다. 사람은 자신의 실력으로 생각할 수 있는 만큼 비전을 가질 수밖에 없기 때문에 결국은 실력이 비전의 크기를 결정한다. 비전을 이루어가면서 자연히 실력이 향상되는데 이러한 실력의 향상은 바로 더 큰 비전의 생성으로 이어진다. 이러한 실력과 비전의 선순환이 습관이 된다. 모든 구성원들이 각각 자신의 일을 더 나은 모습으로 만들기 위해 수많은 작은 비전들을 갖고 스스로 발전해 가는 습관들을 갖기만 한다면 비길 데 없는 경쟁력의 원천이 될 것이다.

이는 매우 중요한 개념이므로 명확하게 이해해야만 한다. 머릿속에 가진 비전이 선명할수록 실제로 이루어질 가능성이 높아지기 때문이다. 실제로 일을 역동적으로 잘하는 사람들은 머릿속에 이루고자 하는 모습들을 많이 가지고 있다. 자신의 눈에 보이는 것에 대해서는 모두 그보다는 더 나은 모습을 머릿속에 그리며 그것을 이루려는 강한 의욕을 불사르며 노력을 하기 때문에 일을 잘할 수밖에 없는 것이다.

비전이 선명한 사람은 상사의 지시가 필요 없다. 스스로 자발성을 발휘해 일을 잘 해내기 때문이다. 따라서 현명한 상사라면 일을 열심히 시키는 것이 아니라 그 일을 통해 이루어야 할 모습 즉, 비전을 선명하게 그리도록 하는 것에 관리의 초점을 맞출 것이다.

● 얼라인먼트(Alignment)

얼라인먼트는 우리말로 정렬 혹은 정조준이라 표현할 수 있을 것이다. 조직의 한 구성원의 입장에서 봤을 때 자신이 하고 있는 일이 회사의 목표에 정확히 연결되어 있는 것을 의미한다. 자신의 일이 회사의 경영에 도움이 되는 상태가 된 것을 얼라인먼트가 잘 되었다고 표현할 수 있다. 이러한 상태가 될 때 일하는 당사자는 자신의 일이 중요한 일이란 생각이 들게 되고, 그 중요한 일에 자신이 참여하고 있으면서 자신이 회사에 기여를 하고 있다는 마음이 들게 된다. 이러한 마음에서 높은 자긍심과 자발성이 살아난다.

회사에서 일을 하는 사람들이 생업 차원에서, 단순히 먹고 살기 위한 돈을 벌기 위해 일을 하는 것으로만 여길 때 행복감은 최저의 수준이 된다. 가장 기본적으로는 돈을 벌기 위해 일을 하는 것이지만 그것에 그치지 않고 자신의 일이 세상이나 사회 그리고 회사에 기여하고 있다고 확실히 느낄 때 자긍심과 행복감이 높아진다.

이런 상태에 도달하기 위해 가장 우선되어야 할 것이 일의 얼라인먼트이다. 얼라인먼트가 잘 안 되어 있는 조직에서는 자신들이 하고 있는 일이 어떤 결과로 이어지고 있는지 불투명하므로 기여하고 있다는 생각을 갖기 어렵다. 따라서 자신들의 일에 대한 긍지가 적어지고 이는 다시 자발성의 저하로 이어지게 된다.

좋은 얼라인먼트는 체계적으로 잘 분화된 목표를 통해 이루어진다. 즉, 구성원들이 각각 설정하고 있는 목표가 달성되면 바로 직속 상사의 목표가 달성이 되는 식으로 체계적인 관계가 정립된 목표를 통해 업무의 얼라인먼트가 이루어지는 것이다. 이렇게 얼라인먼트가 이루어지고 난 다음에는 그 결과를 수시로 확인할 수 있어야 한다. 이를 위해 가장 효과적으로 사용되는 것이 그래프화된 트렌드이다. 즉, 엑셀을 이용하여 주간이나 월 단위로 자신들의 목표가 달성되고 있는지를 눈으로 확인할 수 있도록 해야 한다.

눈에 보이지 않으면 마음에서 사라지고 마음에서 사라지면 자발성은 생기지 않게 된다. 그러므로 트렌드를 눈으로 확인할 수 있도록 하는 것이 반드시 필요하다. 30년 이상의 현장 경험에서 이것이 얼마나 중요한 요소인지를 거듭해서 확인할 수 있었다.

지금까지 개인의 일과 회사의 얼라인먼트를 살펴보았지만, 다른 한편으로는 개인의 일이 개인 자신이 품고 있는 미래의 꿈과 연결되는 것도 중요하다. 즉, 지금 내가 하고 있는 일이 미래의 모습을 그리는 기반이 되어야 한다는 것을 의미한다.

처음 직업을 결정할 때 자신의 꿈과 연결시켜 선택하는 것이 가장 이상적이다. 하지만 아주 많은 사람들이 그러한 식으로 자신의 직업을 선택할 만큼 선택의 폭이 넓지 못하다. 그렇기 때문에 개인의 일과 꿈이 조화롭게 얼라인먼트되는 것이 결코 쉽지는 않다. 이러한 경우에는 그 순서를 바꾸어보는 것이 필요하다. 즉, 내 꿈에 내 직업을 맞추는 것이 아니라 내 직업에 내 꿈을 맞추는 것이다. 어쨌든 지금 하고 있는 일을 즐겁게 자발적으로 하기 위해서는 자신의 미래의 꿈과 연결되어야 한다는 것이 중요하다. 이는 철저히 개인의 몫이지만 상사들의 리더십 발휘 여부에 따라 그 정도의 차이가 나타날 것이다.

● 성장과 연결

어떤 업무를 진행할 때 항상 수월하게 진행되는 경우는 없다. 어느 누구에게나 어려움이 닥칠 수 있다. 특히 자신이 다니고 있는 회사의 경영 상태가 좋지 않게 되면 더 어려운 숙제가 많아지는 것이 일반적인 현상이다. 그런데 대부분의 사람들은 어려운 숙제를 만나기를 꺼려한다. 그냥 편안히 지내기를 원한다. 그렇게 되면 결국 회사는 발전하지 못하게 되고, 고용이 불안정해지는 결과로 이어질 수도 있다.

이와 같은 악순환에 의해 현실을 답보하는 회사들이 많다. 결국 어려운 일에 구성원들이 자발적으로 도전하는 일이 왕성하게 일어나야 선순환으로 돌아갈 수 있다. 지금 닥쳐 있는 어려운 일을 극복해 내도록 하는데 우선적으로 필요한 것이 그 일을 해야 할 사람의 자발성이다.

자발성이 살아나게 하는 것 중의 하나가 바로 자신의 성장과 연결시키는 것이다. 사람의 성장은 바로 이 어려움을 극복할 때 일어난다. 이는 어려움에 직면하지 않고는 성장할 수 없다는 말과도 통한다. 어떠한 어려운 일을 하더라도 자신의 성장과 연결되어 있음을 강하게 느끼고 있다면 즐겁게 그 일을 할 수 있을 것이고, 자발성을 더욱 살려 점점 도전하는 일이 늘어나는 흐름을 만들게 될 것이다.

조직 내에서의 승진도 성장이지만 그보다는 자신의 실력 향상에 더욱 비중을 두게 하는 것이 좋다. 승진이란 자리가 정해져 있기 때문에 할 수 있으면 좋지만, 혜택의 폭이 좁아 모두에게 동기부여를 하는 데는 한계가 있다. 하지만 실력의 향상에는 제한이 없다. 다만 어떻게 하면 실력 향상에 대한 필요성을 스스로 느끼도록 할 것인가가 중요하다.

후일 창업을 하는 데 도움이 되는 것일 수도 있고, 전업이나 이직을 하는 데 도움이 되는 것일 수도 있고, 승진에도 도움이 되는 것일 수도 있고, 또 스스로의 가치를 높이는 것에 의해 그 필요성을 찾게 할 수 있을 것이다. 또, 다음에 소개할 자주학습 프로그램과 연계해 그 필요성을 찾게 할 수도 있다. 이러한 필요성을 스스로 느끼게 해

주어야 자발성이 살아나는데 그 필요성을 느끼도록 해주는 데는 역시 바로 직속상사의 리더십이 매우 중요하게 작용한다.

제7장 소통문화

#소통과 자주학습

소통이란 조직 내에서 정보나 견해가 상하좌우를 막론하고 원활히 흘러 다니는 것을 말한다. 소통이 유행하기 전에는 커뮤니케이션이 지배적으로 사용되었는데 동일한 의미를 갖는 이음동의어다.

소통은 조직의 규모가 크면 클수록 그 작용이 중요해진다. 학습을 하는 데뿐만 아니라 모든 면에서 소통이 작용하는 힘은 매우 크다. 특히 세상이 거의 빛의 속도로 변화하고 있는 지금은 그 어느 때보다 그 중요성이 커지고 있다. 세상이 빠르게 변화한다는 것은 기업에서 판매하는 상품의 라이프 사이클이 점점 짧아지고 있다는 뜻이다. 이는 이전보다 더 빠른 속도로 신제품을 시장에 내놓아야 한다는 의미이기도 하다.

기업에서 하나의 제품을 개발하여 상품화하는 데는 많은 조직의 많은 사람들이 유기적으로 얽힌 관계가 잘 맞물려 움직여주어야 하는 것이 필요하다. 각각의 구성원들에게 필요한 정보가 신속하고 정확하게 전달되어야 한다.

정보는 자신의 일에서 담당해야 할 것이 무엇인가를 알도록 해주는 모든 것을 의미한다. 유기적인 관계 속에서 일을 하는 조직들이 자신의 일과 연관된 정보가 원활하게 전달되지 않는다면 자신의 역할을 정확히 그리고 신속히 해내기 곤란할 것이고 그 결과는 많은 시행착오와 시간의 지연으로 나타난다. 결국 기업은 상품을 시장에 내놓는 시기가 늦어지게 되고 그만큼 경영에 악영향을 미치는 악순환의 결과로 이어진다. 그러므로 기업은 소통의 중요성을 명확하게 인식하고 있어야만 한다.

위와 같은 신제품 개발과 같은 경우, 소통이 되면 될수록 구성원의 학습으로 이어진다. 조직 내에서 새롭게 만들어진 지식들이 전달되면서 새로운 지식이 재창출되는 효과로 이어진다. 물론 신제품의 개발이 아닐지라도 업무로 연관된 구성원들 간의 소통이 원활하면 더 나은 모습을 향한 전향적인 방향으로 학습이 원활하게 이루어진다. 즉, 소통이 원활해지면서 새로운 지적 자극들을 주고받고, 때로는 부족한 것들이 충족되기도 하면서 자연스럽게 자발적인 학습 분위기가 만들어진다. 모두가 자발적인 의욕을 가지고 즐겁게 일하면 최고의 성과를 낼 수 있다. 이처럼 학습하는 분위기가 자연스럽게 형성된다면 가장 효율적으로 조직의 힘이 발휘되도록 할 수 있다.

이와 같은 분위기는 하루아침에 조성되지 않는다. 이 책에서 제시하는 체제와 리더십을 바탕으로 한 지속적인 노력으로 만들어진다. 즉, 소통문화가 만들어져야 가능하게 될 것이다. 이 책에서는 학습의 관점에서 소통에 대해 살펴보기로 한다.

#정서적 소통, 체제적 소통

소통은 크게 정서적 소통과 체제적 소통으로 나눠 볼 수 있다. 정서적 소통은 사람의 성격이나 감정 등을 기반으로 조성되는 것이고, 체제적 소통은 체계나 제도 등에 의해 이루어지는 것을 의미한다. 이 두 가지는 다 중요하다. 그리고 둘로 나눠 보았지만 따로 분리되어 만들어지는 것이 아니라 한데 어우러져서 나타난다. 여기에서는 편의상 두 가지로 나누어 접근해 보기로 한다.

● 정서적 소통

정서적 소통은 사람의 성격이나 감정 등에 의해 만들어지는 것이다. 즉, 조직구성원 각각의 개성이 모두 어우러져 일정한 분위기가 만들어지는데 그것에 의해 소통의 질적인 차이가 결정된다. 그런데 조직의 생리상 상부 조직에 있는 사람의 영향을 크게 받게 된다. 즉, 조직 책임자의 성격과 감정 상태에 의해 정서적 소통의 질적인 차이가 결정된다 해도 과언이 아니다.

회식을 하면서 허심탄회하게 속마음을 털어놓는 것, 상하 간에 격의 없이 대화하는 것, 좌우 동료들과 벽이 없이 친밀하게 지내는 것 등등은 모두 정서적 소통에 해당된다. 어떤 상사는 근무시간에 동료들과 이야기하는 것을 싫어하고 오직 일만 하기를 원한다. 어떤 상사는 회식을 달갑지 않게 여긴다. 어떤 상사는 분위기를 무겁게 하여 의견 제시를 막는다. 어떤 상사는 자기 이야기만 하고 다른 사람이 이야기할 틈은 주지 않는다. 이는 모두 정서적 소통을 가로막는 것들이다. 물론 이러한 일들은 상사와 조직원들 사이에서 뿐만 아니라, 동료 간에도 동일하게 나타난다. 하지만 상사가 주는 영향력의 비중은 절대적이다.

이러한 것들이 너무 한쪽으로만 치우쳐서는 안 된다. 업무의 성과를 고려하여 균형 잡힌 소통을 하도록 이끄는 것이 중요하다. 결국 구성원을 행복하게 하면서 업무의 성과를 최고로 끌어내기 위한 소통인 것이다. 누구나 자신이 행복감을 느낄 때 가장 의욕적으로 움직이기 때문이다. 결국 그것 때문에 정서적 소통이 중요한 것이다.

조직에서는 이러한 것들에 결정적인 영향을 미치는 사람들이 상부에 속해 있다. 그래서 정서적인 소통을 변화시키는 것은 결코 쉽지가 않다. 이미 존재하고 있는 조직 내의 정서가 바뀌어야만 기대할 수 있는 것이다. 그러나 고착된 정서는 쉽사리 변화되지 않는다. 경우에 따라서는 누구 때문에 문제라는 것을 모두 다 알고 있지만 아무런 손도 대지 못한 채 울며 겨자 먹기 식으로 지나치는 상황이 되곤 한다.

이런 경우에는 그보다 상급에 있는 사람의 결단이 필요한데, 조직에서 사람과 관련된 문제는 매우 미묘하다. 결국 조직 관리자들의 리더십에 달려 있다.

정서적 소통을 잘 하는 분위기를 만들 능력 있는 사람이 리더가 되어야 하는 것이 정말 중요하다. 이러한 정서적 소통 분위기가 조성되어야 지적 발전의 선순환이 일어나게 된다. 지적 발전의 선순환, 그것이 바로 자주학습이다.

이와 같이 소통이 자주학습과 연결되는 점을 간파하기는 그리 쉽지는 않다. 일반적으로 노사 분위기를 부드럽게 하기 위한 일환으로 회식이나 행사 등을 이용하여 정서적 소통을 도모한다. 그러나 진정한 소통은 노사간의 분위기를 부드럽게 하는 것 이상의 효과를 나타내는 자주학습을 촉진하는 것으로 이어진다.

정서적 소통이 잘 되는 곳에서는 구성원들이 존재감과 행복감을 크게 느낀다. 이는 또한 존재감과 행복감을 느끼기 때문에 진정한 소통이 일어나는 선순환으로 이어진다. 이러한 가운데 자연스럽게 자주학습의 분위기가 싹트는 것이다.

● 체제적 소통

체제적 소통은 다른 말로 시스템에 의한 소통이라고도 할 수 있다. 즉, 조직 내에 일하는 시스템을 통해 일어나는 소통을 의미한다. 여기서 시스템이란 비단 컴퓨터에 의해 구동되는 것만을 의미하는 것이 아니라 일하는 체계와 제도, 원칙 등 모든 것을 포함한다. 이러한 시스템이 정교하고 짜임새가 있으면 그만큼 소통이 원활하게 일어난다.

정서적 소통은 사람에 대한 의존성이 높은 반면에 체제적 소통은 사람이 아닌 시스템에 의해 만들어지기 때문에 더 빨리 이룰 수 있다. 특히 생산하는 제품이나 상품의 단계가 많고, 조직이 크고 복잡할수록 체제적 소통의 원활함은 매우 큰 효과로 이어지게 된다.

체제적 소통은 동일한 체계, 동일한 절차, 동일한 양식, 동일한 용어 그리고 더 나아가 동일한 기준을 기반으로 한다. 소위 표준화라는 것이다. 즉, 사람들이 일하는 데 있어서 체계와 절차, 양식, 용어 그리고 기준 등의 동일성이 높으면 높을수록 그만큼 소통이 원활하다는 것을 의미한다.

어떤 사람이 다른 부서로 자리를 옮겨 일을 하게 된다든지, 다른 부서에서 어떤 양식에 담긴 자료를 받는다든지, 서로 다른 부서에서 서로 다른 제품을 개발했는데 동일한 설비에서 생산을 해야 한다든지, 신제품을 개발하기 위한 자리에 각각의 서로 다른 기능을 가진 사람들이 모였다든지 등등의 상황이 벌어졌을 때 이러한 5가지 항목 즉, '체제적 소통 5요소'의 동일성이 높으면 높을수록 소통이 원활해진다. 즉, 그 일을 해내는 시간이 단축되고 일의 결과에 대한 신뢰성이 높아지는 것이다. 마치 달리기 경주를 하는 선수가 다른 선수보다 출발선이 훨씬 앞에 있는 것과 같은 효과를 낸다. 이러한 것을 학습효과라 할 수 있다.

이러한 소통의 효과는 누가 측정을 하거나 어떤 측정치가 나타나는 것이 아니기 때문에 통찰력을 가지고 그 상황을 꿰뚫어보는 사람만이 알아챌 수 있다. 그래서 보통은 체제적 소통에 대해 아무렇지도 않게 그냥 지나치는 경향이 지배적이다. 그러나 3현주의에 입각해서 일하는 체계, 절차, 양식, 용어, 기준 등의 실상을 파악해보면 이들의 서로 다름에 의해 빚어지는 시행착오가 얼마나 심각한지 금세 알 수가 있다.

실제로 일을 하는 사람들은 이러한 문제점들을 알고 있으면서 자신이 처한 위치에서는 어쩔 수가 없으므로 그냥 감수하며 지나친다. 자신의 업무영역 밖에까지 연결되어 있기 때문이다. 따라서 이러한 일을 하기 위해서는 관련된 업무를 전부 관장하는 위치의 상사가 주도하여 진행하는 것이 가장 효과적이다. 물론 그만큼 큰일이 되지만 또 그만큼 효과가 있는 것이다.

이러한 과정 역시 그리 쉽지 않다. 우선 이러한 일을 주도해야 하는 위치에 있는 사람이 체제적 소통 5요소의 동일성을 높여야 한다는 필요성을 절감해야 하는데 그것부터가 쉽지 않다. 대부분은 당장의 현안에 파묻혀 이러한 것들을 꿰뚫어보지 못하는 것이 현실이다.

과거에 근무했던 삼성반도체와 컨설팅을 했던 하이닉스반도체를 비교해보면 그 효과를 확실히 확인할 수 있다. 객관적으로 보면 하이닉스반도체와 삼성반도체는 인적 구성 면에서 차이가 크다. 특히 제품을 개발하는 인력 부분에서는 그 양적, 질적 차이가 비교할 수 없을 정도로 크다.

하이닉스반도체가 상대적으로 열악한 위치에 있다. 즉, 개발인력의 절대 인원수와 고급 학력자인 석사, 박사의 비중을 보면 삼성반도체가 훨씬 우위에 있다. 그럼에도 불구하고 하이닉스반도체는 상당히 선전을 하면서 업계에서 자리를 굳히고 있다. 과거의 풍전등화 같았던 위기를 잘 극복하고 지금은 당당히 경쟁하는 위치에 들어서게 된 것이다.

어떻게 그런 일이 일어날 수 있었던 것일까? 여기에는 다양한 견해가 존재하겠지만, 현업에서 심도 있는 컨설팅을 진행하면서 하이닉스반도체의 경쟁력이 체제적 소통의 원활함에 있다는 것을 알 수 있었다. 즉, 일하는 방식의 혁신을 위해 내가 개발한 신TPM이란 프로그램을 10년 이상의 긴 시간 동안 지속적으로 적용했다. 일하는 체계, 절차, 양식, 용어, 기준 등을 표준화시키고 부서 간에 동일성을 높인 것이 주효했다.

체제적 소통 5요소를 표준화시키자 신속하고 정확한 업무적 교류가 원활하게 일어났다. 또한 개발의 시행착오가 현저하게 줄어들고 그 기간이 상당히 단축되는 결과로 이어진 것이다. 기술부서의 특성에 따라 기술적인 기밀을 유지하기 위해 각 조직들이 독립적으로 일을 하다보면 부서 간에 괴리가 존재할 수 있다. 따라서 소통이 원활하지 못한 편인데 하이닉스반도체는 그런 부분을 극복한 것이다.

소통 5요소의 동일성이 아주 낮았던 시절에는 다른 부서에서 필요한 자료를 건네면 그쪽의 포맷에 맞지 않아 처음부터 다시 작성하는 등의 불필요한 일을 해야만 하는 시행착오가 정말 많았다. 그만큼 시간과 노력을 많이 들여야 하니 그만큼 개발이 지연될 수밖에 없었던 것이다.

물론 지금 완벽하다는 것은 아니다. 다만 상대적인 우위적 차이에 의해 더 잘하고 있는 정도라 보면 될 것이다. 어쨌든 이는 체제적 소통의 중요성을 충분히 보여주는 사례가 될 수 있을 것이다.

또한 표준화를 실행한다 해도 제대로 하는 것에서 실패하기 쉽다. 가령 어떤 양식을 통일시킨다고 하면 그 양식을 최선의 것으로 만든 뒤에 통일시켜야 하는데 단순히 통일만을 염두에 두고 진행하게 되는 경우가 많다.

이렇게 되면 동일성을 높게 만든다 할지라도 그 효과가 크게 떨어지게 된다. 그래서 이러한 문제들을 전문적으로 담당하는 혁신부서를 두고 추진하고 운영하는 것이다. 나아가 컨설팅을 도입하기도 하는 것이다.

#소통 이전에 이루어져야 하는 것

소통은 매우 중요하다. 그러나 소통 이전에 반드시 이루어져 있어야 하는 것이 있다. 의식의 방향이 일치해야 한다는 것과 추구하는 가치관의 공유로 조직 내에 공감대가 형성되어 있어야 한다는 두 가지이다. 이 두 가지가 되기만 하면 소통의 절반은 이룬 것이나 다름없기 때문이다.

의식의 방향이 일치하는 것은 모든 구성원들이 각각 인식하고 있는 존재의 이유가 모두 동일한 상태일 때 나타난다. 그리고 가치관의 공유는 태도나 행동양식을 통일시키는 것으로 이어진다. 즉, 아무런 말을 하지 않아도 각 구성원들 사이에는 이미 무언의 약속이 되어 있는 상태이거나 서로 동일하게 생각하고 있는 상태가 되어 있는 것을 의미한다.

의식의 방향이 일치한다는 것은 어떤 상황이 벌어졌을 때 그 상황을 바라보고 있는 사람들의 생각이 똑같이 형성되는 것을 의미한다. 소통하기 전에 이미 소통이 된 상태가 되어 있다는 것을 의미한다. 소통의 출발선이 한참 앞으로 옮겨져 있는 상태가 되는 것이다.

이렇게 되면 어떠한 의사결정에 도달하는데 상당한 시간과 노력이 절약이 되어서 경쟁력을 이루는 결과로 이어진다. 물론 정서적 소통과 체제적 소통이 원활하게 되면 결과적으로 이러한 상태가 된다. 하지만 소통을 하는 시간과 노력을 들이지 않고도 이러한 상태가 된다면 훨씬 소통이 원활해지고 또 소통의 질이 좋아지게 될 것이다.

의식의 방향을 일치하도록 하는데 가장 큰 영향을 미치는 것은 미션과 목표를 분명히 인식하는 것과 비전을 선명하게 인지하는 것 두 가지이다. 이 두 가지는 앞의 '목적에 충실하려는 습관'과 '리더십'에서 설명한 바 있다. 이러한 것이 습관화가 되면 바로 문화가 된다. 문화란 불문율과도 같은 것이다. 말을 하지 않아도, 누가 강제하지 않아도 모두가 동일하게 생각하고 행동하는 상태가 되면 그것이 바로 문화로 자리잡은 것이다.

이러한 문화도 순환을 하면서 변화한다. 선순환하면 발전하는 방향으로 변화하는 것이고 악순환하면 퇴보하는 변화를 하게 되는 것이다. 그 선순환의 맥이 의식을 긍정적, 적극적 방향으로 일치하는데 있다. 그리고 그것은 미션과 목표의 분명한 인식과 비전의 선명한 인지에서부터 시작한다.

가치관이란 어떤 일을 할 때 각각의 사람들이 자신의 태도와 행동을 결정짓도록 역할을 하는 것을 말한다. 모든 사람들은 각각 자기의 가치관을 가지고 세상을 살아가고 있다. 그 가치관은 어떤 일을 할 때 그 사람의 태도로 나타나 결과적으로 그가 하는 일에 반영되도록 하는 것이다. 따라서 회사에서 필요로 하는 가치관을 확립해 공유하도록 하면 모두가 동일한 태도와 행동을 보이는 정도를 높일 수 있다.

예를 들면 '성실'이라는 가치관을 가진 사람은 어떠한 일을 하든지 성실하게 하여서 누가 옆에서 강조하지 않아도 믿음직스럽게 일을 해낸다. 반대로 '적당히 하자'는 가치관을 가진 사람은 누가 간섭을 하지 않는다면 그 일을 믿음직스럽게 하지 못할 것이다.

가치관은 어떤 하나로 규정되는 것이 아니다. 수없이 많은 가치관들이 있다. 각 회사에서 혹은, 각 조직에서 자신들의 일을 제대로 행하는데 요구되는 가치가 있을 것이다. 이러한 것들로 사람들을 무장시키면 그들은 요구에 부합하는 가치관을 갖고 매사에 임하여 소통을 하지 않아도 동일한 가치관으로 한결같이 일을 할 수 있다. 이러한 것 역시 문화를 형성하는 작용을 한다. 이 역시 많은 사람들이 존재하는 조직 속에서 소통의 출발선을 앞으로 옮겨놓는 작용을 한다.

가치관을 강조하기 위해 모든 회사에서는 사훈이나 방침을 정하여 공표하고 교육시키는 등의 일을 하지만 그것보다는 상사들에 의해 영향을 더 많이 받는다. 회사에서 정하는 사훈 등은 중점적이고 차원이 높은 것이기 때문에 전 사원들의 태도와 행동에 직접적이고도 섬세한 영향력을 끼치지는 못한다. 그래서 상사들이 자기가 책임지고 있는 조직에 대해 능동적으로 가치관을 재설정하면서 한결같은 태도와 행동을 만들어내는 것이 필요하다.

각 조직 내의 업무 특성에 맞는 가치를 정립하여 그것을 교육시키고 공유하여 모든 사람이 동일한 가치관으로 무장을 하도록 만드는 것이다. 이는 전적으로 상사의 역량에 달려 있다고 해도 과언이 아니다. 그래서 역시 리더십으로 모든 것이 연결되는 것이다.

제8장 **자주학습 프로그램**

#자기구속력의 실체

　자기구속력의 실체를 분석해 보면 크게 목표, 계획, 통제 그리고 분석과 피드백이라 할 수 있다. 이러한 내용들은 우리가 익히 들어왔던 것들이라 별로 가슴에 와 닿지 않을 수도 있다. 그러나 공부 잘하는 사람들이 스스로 만들어 적용하는 구속력을 분석해보면 결국은 이러한 것들이다. 이것들이 잘 살아나게 하기 위해 어떤 '틀'을 만들고 그 틀 속에 자신을 맞춰 생활하도록 이끄는 것이 구속력이 되는 것이다. 따라서 결국에는 그 구속하는 틀이 좋아야 학습성과가 향상된다.

　'틀'이란 학습하는 과정, 공부하는 프로세스, 공부하는 방법이나 도구 등으로 해석할 수 있다. 다음에 소개할 틀들은 이러한 내용을 구체화시킨 것들로서 누구든지 쉽게 적용할 수 있는 프로그램이다. 이는 한번 적용하면 바로 성과를 내는 틀이 아니라 반복 적용 즉, 훈련을 통해 자발적인 태도를 갖게 되어야만 성과를 내게 되는 것임을 잊지 말아야 한다. 반복되는 회수가 많아질수록 자발성이 커지게 된다.

극히 일부분의 특별한 사람을 제외하고는 누구에게나 공부하는 태도나 자세가 처음부터 좋게 나타나지 않는다. 본인이든 타인이든 누군가 혹은 무언가에 의해 끊임없이 이끌리는 과정 속에서 좋게 만들어지는 것이다. 더 정확히 익숙해진다는 것이 적합한 표현일 것이다. 그 이끄는 힘이 멈추면 다시 원점으로 돌아갈 수 있기 때문에 익숙해진다는 표현을 쓰는 것이다. 즉, 그것이 무엇이든 간에 일정한 구속력이 작용해야 좋은 태도에 익숙해지는 것이다. 이 장에서는 구속력을 가장 효과적으로 발휘시키는 과정인 '자주학습 7단계 프로세스'를 제시한다.

| 자주학습 7단계 프로세스 |

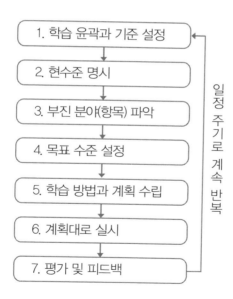

1. 학습 윤곽과 기준 설정
2. 현수준 명시
3. 부진 분야(항목) 파악
4. 목표 수준 설정
5. 학습 방법과 계획 수립
6. 계획대로 실시
7. 평가 및 피드백

일정 주기로 계속 반복

171

앞의 그림은 효과적으로 학습을 진행할 수 있도록 설계된 프로세스이다. 직장생활을 하는 회사원이나 공부하는 학생이나 가릴 것 없이 적용될 수 있을 것이다.

첫 단계는 무엇을 학습해야 하는지 전체 윤곽과 기준을 잡는 일이다. 회사원이라면 지금의 경력을 가지고 어느 정도의 수준이 되어야 하는지, 학생이라면 지금의 학년에서 습득해야 할 내용을 분명히 하는 단계이다. 여기서 전체적인 학습의 윤곽이 잡히고, 윤곽 내의 각각의 분야나 항목별로 어느 수준까지 습득해야 하는지의 기준을 설정하게 된다.

두 번째 단계는 위의 기준에 의거하여 각 개인의 현 수준을 파악하는 일이다. 이 부분은 객관성을 확보하는 것이 가장 중요하다. 스스로 평가를 후하게 주면 학습할 필요가 없는 것처럼 보일 수도 있기 때문이다. 우선 본인이 각 항목별로 어떤 수준인지를 표시한 뒤에 이를 객관적으로 확인해 줄 사람에 의해 최종적으로 결정한다. 다음 장에서 구체적인 방법을 소개할 것이다.

세 번째 단계는 각 항목별로 기준 대비 낮은 것이 무엇인지 파악하는 것이다. 이 과정을 거치면서 막연했던 문제점이 명확해진다. 이전에는 학습해야 할 것이 전부였던 것 같았는데, 실제로 전체를 분석해서 하나하나 측정해보면 아주 소수의 것들이 기준에 미달하고 있다는 것이 발견되기도 한다. 이러한 점들이 명확해지면서 학습의 부담이 줄게 되고 따라서 학습효과도 높아지는 결과로 이어지게 된다. 또한 아주 소수의 몇 항목들이 전체의 걸림돌이 되어 전체 수준의 향상을 방해하고 있었는데 그것을 금세 풀 수 있는 실마리를 찾기도 한다.

네 번째 단계는 부족한 항목에 대한 목표수준을 정하는 것이다. 이는 이미 첫 단계에서 만든 기준이 있으므로 이에 의거하여 목표수준을 잡으면 된다. 즉, 부족한 항목들에 대해 학습을 통해 도달해야 할 수준을 확실히 정하는 것이다.

다섯 번째 단계는 위에서 정한 목표수준을 달성하기 위해 학습방법을 찾고 계획을 수립하는 것이다. 여기서는 주어진 여건을 최대한 활용하는 지혜를 짜내는 것이 필요하다. 자신이 모르는 것을 잘 아는 사람, 필요한 지식이 들어 있는 파일, 실습을 할 수 있는 기회 등등을 전부 동원하여 최대의 효과를 낼 수 있는 계획을 수립하여야 한다.

여섯 번째 단계는 위의 계획대로 실행하면 된다. 실행이란 계획대로 따르기만 하면 되는 것이므로 앞 단계에서 충실하게 각 과정을 이행해 왔다면 문제될 것이 없다. 그러나 반대로 앞 단계가 부실하게 이어져 왔다면 실행을 아무리 열심히 한들 그만큼의 효과가 나지 않게 된다. 실행단계가 물리적인 시간을 가장 많이 들이는 단계이다. 하지만 많이 들인 시간을 효과로 이어지게 하는 것은 이전 단계의 충실도에 달려 있음을 잊지 말아야 한다.

일곱 번째 단계는 목표달성 여부를 평가하고 다음 사이클을 위해 피드백하는 것이다. 피드백이 잘 되어야 '자주학습 7단계 프로세스'가 질적으로 업그레이드된다. 진정으로 이전의 과정들을 충실히 이행해 왔다면 질 높은 업그레이드가 이루어져 다음 사이클이 더 나은 학습효과로 이어지게 된다.

'자주학습 7단계 프로세스'를 충실히 그리고 지속적으로 반복해서 실행하는 가운데 구성원들의 자기 업무에 대한 능력이 빠르게 향상되고 또한, 더욱 발전하기 위한 방향이 계속해서 모색이 되는 선순환의 궤도가 형성된다. 즉, 앞에서 언급한 것처럼 이러한 틀이 주어진 가운데 생활을 하면서 구속력을 발휘하게 되어 학습하는 쪽으로 과정이 유도되고, 이것이 반복되면서 자발성이 붙게 되어 점점 학습 의욕이 높아지는 결과로 이어지게 되는 것이다.

#대부분의 회사에서의 학습 실상

세상에는 수도 없이 많은 일들이 존재한다. 그 범위를 기업에만 국한시킬지라도 역시 헤아리기 어려울 정도의 다양한 일들이 존재한다. 이 일들은 처음의 모습이 끝까지 유지되는 것이 아니라 시간이 경과하면서 환경과 상황의 변화에 따라 달라지게 된다. 그러면서 그 일에 종사하는 사람들도 바뀐다. 사람이 바뀌게 되면 그 일에 대한 교육훈련이 필요하게 된다. 즉, 새로 일을 맡게 되는 사람을 얼마나 빠르게 잘 육성하느냐가 일의 성과를 결정짓게 되는 것이다.

문제의 핵심은 여기에 있다. 새로 들어온 사람을 얼마나 빠르게 잘 육성하느냐 하는 것이 관건이다. 그런데 많은 회사들의 실상은 그리 만족할 만하지 않다. 육성 프로그램이 없거나, 있어도 부실하거나, 그나마도 제대로 실천되지 않는 상태를 보이기 일쑤다.

다음의 표는 회사에서 일어나고 있는 교육의 범주를 나타낸다. 크게 일반화된 교육과 특화된 교육으로 나뉘어지는데 대부분의 회사들은 일반화된 교육만 다루는 정도를 넘지 못한다. 그것도 교육시스템이 잘 갖춰졌다고 할 수 있는 회사의 경우에만 해당된다. 그만큼 특화된 교육까지 시스템화 하기가 쉽지 않다는 것을 말해 주는 대목이다.

| 기업에서의 교육의 범주 |

구분	설 명	교육형태
특화된 교육	● 전문지식 ● 해당조직에만 필요 ● 대상범위가 좁아서 일반화시킬 수 없음	OJT (On the Job Training)
일반화된 교육	● 공통지식, 인성교육 등의 범용지식 ● 넓은 범위에서 해당되는 내용 ● 적은 비용으로 많은 사람들을 교육시킴	OffJT (Off the Job Training)

※ OJT(오제이티) : 일을 수행하면서 선배를 통해 혹은 스스로 배우는 방식
※ OffJT(오프제이티) : 일터를 떠나서 많은 사람들이 모여 강사로부터 배우는 방식

가장 큰 어려움은, 그 종류가 너무 다양하고 한 종류의 범위가 매우 좁으며 그 깊이가 깊어서, 그것을 시스템화 하려면 엄청난 비용적, 인적, 시간적 부담이 걸린다는 것이다. 따라서 대부분의 회사들은 이와 같은 내용을 실무적인 교육이라 해서 그냥 현업에서 알아서 소화시키고 있는 것이 현실이다. 결국 정작 필요한 부분인 전문지식에 대한 교육훈련은 체계적으로 힘을 실어 진행하지 못하고 마는 것이다.

그러는 와중에 여러 가지의 불합리한 점이 나타난다. 즉, 자신이 해야 할 일에 대한 지식이나 스킬을 제대로 숙지하거나 습득하지도 못한 채 실무에 임하게 되어서 많은 시행착오를 유발하게 하는 것이다. 이들에게는 시행착오가 배우는 기회인 셈인 것이다. 혹은 선배가 하는 것을 보고 어깨너머로 배우기도 한다. 그나마 조금 낫다고 하는 것이 멘토를 지정해주어서 멘토로 하여금 좀 더 적극적으로 가르치도록 해 주는 곳도 있다. 그러나 이마저도 멘토의 개인별 편차와 상황의 차이가 커서 제대로 돌아가지 못하는 곳이 대부분이다.

따라서 당연히 한 사람이 제 몫을 다하는 수준까지 성숙되기에는 상당히 많은 시간이 필요하다. 한 사람 한 사람의 성숙되는 시간이 길다는 것은 그만큼 조직이나 회사에 대한 기여도가 떨어진다는 것을 의미하고 결국 경쟁력 저하로 이어지게 된다. 결국은 사람이 경쟁력이다. 경쟁력 있는 사람을 갖추는 데에는 크게 두 가지 요소가 작용한다. 무엇보다도 처음부터 능력 있는 사람을 채용하는 것이고 그 다음에는 채용된 사람들의 육성이다.

아래의 표에서 보듯이 능력이 있는 사람을 채용해서 좋은 육성시스템을 가동하면 최고의 인재가 될 것이다. 그러나 제아무리 좋은 인재를 채용했더라도 좋은 육성시스템이 없이 시간을 보내게 한다면 최고의 인재로 육성되지 못한다.

우리 주변에서 실제로 그런 사례를 얼마든지 찾아볼 수 있다. 또한 우리 눈에 능력 없는 사람으로 비쳐질지라도 좋은 육성시스템에 의하여 그 잠재능력이 계발되어 훌륭하게 육성되는 사례도 찾아볼 수 있다.

처음부터 좋은 사람을 채용하는 것은 중요하다. 그것은 너무나 중

| 직원의 경쟁력 결정 매트릭스 |

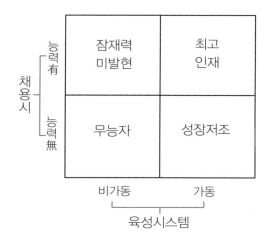

요하기 때문에 어느 기업이든지 채용에 만전을 기해 좋은 인재를 확보하려고 노력한다. 그러나 현실적으로는 복잡한 인자들이 작용해서 어느 기업이든지 최고의 인재를 전부 채용할 수는 없다. 단지 상대적 우위라고 판단되는 사람을 채용할 따름이다. 따라서 육성시스템의 중요성이 부각되는 것이다.

이러한 육성시스템이 제대로 가동될 때 이미 채용된 사람들에게 잠재되어 있는 능력을 최대한 발휘할 수 있게 하는 일이 가능해진다. 이 책에서는 특별히 특화된 전문지식을 현업에서 자주적으로 전수할 수 있는 자주학습 시스템을 제시하고자 한다.

#자주학습 7step 프로그램

기업에서 가장 중요한 지식은 업무와 관련된 것들이다. 그런데 기업은 서로 다른 전공분야를 바탕으로 다양하게 분화된 전문 조직들로 이루어져 있으므로 구성원들을 일원화된 교육체제 속에서 일괄적으로 학습시키는 것이 불가능하다. 따라서 대부분의 기업들은 이러한 전공분야에 대한 교육은 별도의 프로그램 없이 그냥 현장의 업무 영역에 맡겨놓는 것이 현실이다. 일단 배치가 되면 그곳에서 배우면서 일을 하는 식으로 진행되는 것이다. 그런데 앞에서 소개한

대로 그 과정 속에는 상당한 불합리성과 비효율성이 내재되어 있어 학습이 잘 이루어지지 않는다.

이번 장에서 소개할 '자주학습 7step'은 현장에서 자주적으로 학습하기 용이하게 고안된 것으로 그 효과는 이미 여러 회사에서 검증이 된 내용이다.

'자주학습 7step'은 현업에 맡겨져 있는 전문지식에 대한 학습을 각 현업의 단위조직에서, 스스로 학습체제를 구축하고, 스스로 최선의 학습을 도모하고, 스스로 발전하도록 하는 것에 그 목적을 두고 있다. 처음부터 그 틀을 구축하는 데에는 일정 정도의 노력이 필요하겠지만 일단 구축되어 실행되기만 한다면 모든 구성원들이 정말 효과적으로 학습을 하게 되는 성과를 얻게 될 것이다.

즉, 현업의 각 최소단위 조직 내에서 자신들에게 필요한 학습시스템을 스스로 구축하고, 또 그 시스템에 의하여 스스로 학습하게 되는 상황이 전개되면서 커다란 성과를 얻는 결과를 확인할 수 있을 것이다.

다음 그림은 '자주학습 7step'에 대한 개념도이다. 어떤 사람이라도 직장에서 자신에게 주어진 일을 잘할 수 있도록 만드는 것이 '자주학습 7step' 틀의 목적이다. 누구든 자신의 업무를 수행하면서 터득하고 공부한 know-how나 know-why를 체계적으로 축적하면서, 이를 이용하여 7step의 사이클을 반복적으로 순환시켜 다른 동료나 후배들이 빠르고 쉽게 터득하도록 하는 것이다.

'자주학습 7step'을 반복하는 가운데 사람들의 업무 능력이 신장되는데, 업무의 범위가 확장되는 기능적 신장과 업무의 깊이가 깊어지는 질적 신장이 함께 이루어진다. 이러한 신장이 지속되면 될수록 해당 직장에서 요구되는 필요능력이 계속해서 늘어나게 되면서 이를 다시 자주학습 체계에 집어넣어서 더 발전된 사이클로 이어지도록 하는 것이다. 이러한 사이클의 반복으로 지속적인 발전력을 유지할 수 있게 되는 것이다.

| 자주학습 7step 체계 개념도 |

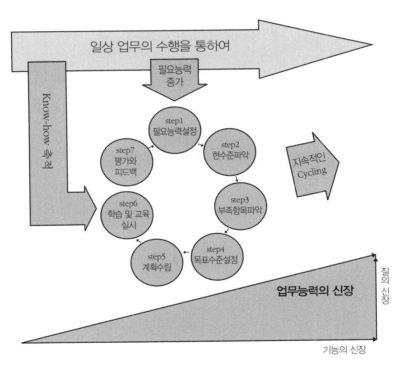

● Step 1 : 필요능력의 설정

자주학습의 첫 단계는 학습해야 할 것이 무엇인가를 명확히 하는 것이다. 첫 단계에서 성공하지 못하면 큰 시행착오를 겪게 되기 때문에 필요능력 설정에 정성을 쏟는 것이 중요하다. 다음과 같은 요령으로 진행한다.

Step 1 진행 요령

1. 엑셀시트를 이용하여 작성한다
2. 업무를 체계적으로 최소단위까지 분류한다(필요능력 리스트)
3. 그 일을 '할 줄 아는가'와 '할 수 있는가'로 한번 더 분류한다(지식과 스킬분류)
4. 업무 수행 능력에 대한 표준 수준을 정한다(표준수준 표—별도)
5. 경력에 따른 필요능력의 기준 수준을 정한다(기준 수준)

처음 시작할 때부터 엑셀시트를 이용하여 작성한다. 다음 단계로 넘어가면서 함수나 계산식을 사용할 필요가 발생하므로 엑셀시트를 이용하는 것이 가장 편리하다. 또한 어떤 변경이 필요할 때 쉽게 작업할 수 있다는 점도 엑셀의 편리한 점 중의 하나로 들 수 있다.

그 다음에는 업무를 체계적으로 분류하여 전개한다. 체계적으로 전개하는 이 부분이 가장 중요하다. 체계적 전개란 자신들이 수행하고 있는 일을 큰 분류에서 작은 분류로 차곡차곡 가지를 치고 내려가는 것을 의미한다.

과거의 경험에 비추어 볼 때 이 '체계적 전개'에서 실패하는 경우가 많다. 즉, 자신들의 일을 체계적으로 정연하게 리스트화하지 못한 채 자주학습 7step을 진행하게 되면 뒤에 가서 진행이 순조롭지 못하게 된다.

체계적인 전개는 족보 정리와 똑같은 것이라고 생각하면 쉽다. 따라서 가장 최소단위의 일로 분류될 때까지 전개해 펼쳐야 한다. 그 전개 단계가 몇 단계가 되어도 문제될 것은 없다. 오히려 그 단계가 많다고 여겨 축소할 경우 더 문제가 발생한다. 여기서 가장 최소단위로 리스트화된 일들이 학습해야 하는 한 단위의 과목들이 되는 것이다.

위와 같이 해서 가장 작은 단위의 일로 전개된 것을 다시 한 번 더 분류를 하는데 그것이 바로 지식과 스킬의 분류다. 즉, 그 일을 '하는 방법을 아는가'와 '할 수 있는가'로 나누어 분류하는 것이다. 여기서 지식에 해당되는 '하는 방법'에 대해서는 전부 교육자료가 구비되어야 한다. 교육자료는 어떠한 형태로 존재해도 상관이 없다. 앞부분에서 소개한 스마트한 파일체계 속에 들어 있는 자료들은 전부 교육자료가 될 수 있을 것이다.

스마트한 파일체계에서 '업무체계 = 기술체계 = 파일체계'의 3위 1체를 소개했는데, 바로 이때 그것의 위력을 최고로 발휘하게 된다. 스킬에 해당되는 '할 수 있는가'에 대한 부분은 훈련을 통해서만 습

득이 가능하다. 지식은 교육으로, 스킬은 훈련으로 이루어지기 때문
에 통상 '교육훈련'이라고 일컫는 것이다.

위와 같이 일의 체계적 전개가 끝나면 별도의 표로 '필요능력 표
준 수준표'를 만든다. 분류된 각 지식과 스킬 하나하나에 대해 절대
평가를 하기 위한 표준이 되는 것으로서 보통은 아래 표와 같이 설
정한다. 즉 남을 완벽하게 가르칠 수 있으면 5점, 어느 정도 가르칠
수 있으면 4점, 혼자서 할 수 있으면 3점, 지도 받으면서 할 수 있으
면 2점, 전혀 모르거나 할 수 없으면 1점을 부여하여 점수를 매기도
록 하기 위한 것이다.

그 다음에 해당 업무에 대한 경력별 요구(기준) 수준을 정한다. 이
는 아래와 같이 필요능력의 각 최소단위 항목별로 필요능력 표준 수
준표에 의거하여 1에서 5까지의 점수로 표시하는 것이다. 여기에서
근무 경력을 나누는 것은 각 현업의 실정에 맞게 정하면 된다.

| 필요능력 표준수준표 |

상 태	수 준
남을 완벽하게 가르칠 수 있다	5
어느 정도 가르칠 수 있다	4
혼자서 할 수 있다	3
지도 받으면서 할 수 있다	2
모른다, 전혀 할 수 없다	1

이와 같이 하여 자주학습 프로그램의 Step1인 필요능력 설정을 완성하면 아래의 표와 같이 된다. 이 표는 편의상 중간 중간을 잘라 작은 시트로 보이게 한 것이다. 즉, 전부를 다 표현하려고 하면 1,635개가 나열되는 사례인데 그것을 다 보일 필요는 없으므로 중간 중간을 잘라낸 것이다.

이름	홍길동	직무명	전기설비 유지 / 보수	담당업무	전기설비운영	현 Cycle	4 Cycle	근무경력	1년
소속팀	동력1팀 동력Part	사번	B0000000	입사일	2016-05-10	4C 평가일	2017-05-26	현Cycle 적용기준	2년

			Step 1 (필요능력 설정)										
대분류	중분류	일련 번호	필요능력 세부 항목	(5점):타인에게 지도할 수 있다(전문가) (4점):어느정도 타인에게 지도할 수 있다 (3점):혼자서 충분히 할 수 있다(숙련자) (2점):선임감독하에 어느 정도 할 수 있다 (1점):배워야 할 수 있다	능력 구분	기준수준							
						1월	6월	1년	2년	3년	5년	7년	10년
						16	58	109	146	182	208	210	210
기본기	3S	1	3S 의미,활동 목적에 대해서 정확하게 이해하는가?	지식	0	1	3	4	5	5	5	5
		2	3S 활동 9단계에 대해서 정확하게 이해하는가?	지식	0	1	3	4	5	5	5	5
		3	발주재고, 안전재고에 대한 개념을 정확하게 이해하고 있는가?	지식	0	1	3	4	5	5	5	5
		4	자재 / 공구의 발주 절차에 대해 알고 있는가?	지식	0	1	3	4	5	5	5	5
		5	3S 주간활동 계획 / 점검 평가서 작성방법을 정확히 알고 있는가?	지식	0	1	3	4	5	5	5	5
		6	문서 보관함 관리 체계에 대해서 정확하게 이해하고 있는가?	지식	0	1	3	4	5	5	5	5
		7	PC 폴더 체계에 대해서 정확하게 이해하고 있는가?	지식	0	1	3	4	5	5	5	5
	불합리	8	불합리의 의미에 대해서 정확하게 이해하는가?	지식	0	1	3	4	5	5	5	5
		9	불합리 적출및 해결 Flow를 잘 알고 있는가?	지식	0	1	3	4	5	5	5	5
PM	CBM	71	표준서의 위치를 알고 있는가?	지식	0	1	2	3	4	5	5	5
		72	CBM 대해서 정확하게 알고 있는가?	지식	0	1	2	3	4	5	5	5
		73	CBM의 목적을 이해 하고 있는가?	지식	0	1	2	3	4	5	5	5
	가공선로	74	가공선로 표준서 / 순서서의 위치를 알고 있는가?	지식	0	1	2	3	4	5	5	5
		75	가공선로 Master List를 알고 있는가?	지식	0	1	2	3	4	5	5	5
		76	가공선로 2 Weekly CBM 점검 방법을 알고 있는가?	지식	0	1	2	3	4	5	5	5
		77	가공선로 2 Weekly CBM 점검 순서서를 이용하여 점검을 할 수 있는가?	스킬	0	1	2	3	4	5	5	5
		78	가공선로 1 Monthly CBM 점검 방법을 알고 있는가?	지식	0	1	2	3	4	5	5	5
	GIS	135	GIS 표준서의 위치를 알고 있는가?	지식	0	1	2	3	4	5	5	5
		136	GIS 순서서의 위치를 알고 있는가?	지식	0	1	2	3	4	5	5	5
		137	GIS Master List를 알고 있는가?	지식	0	1	2	3	4	5	5	5
		138	GIS 2 Hourly CBM의 표준서를 알고 있는가?	지식	0	1	2	3	4	5	5	5

지금 제시한 위의 사례는 어떤 회사의 전기관리부서의 업무체계에 준하여 필요능력을 전개한 것이다. 앞에서도 강조한 바 있지만, 필요능력을 전개함에 있어서 가장 중요한 것은 체계적으로 분류해 내려가는 것이다. 대부분의 시행착오는 이 체계적 분류에서 생긴다. 족보를 정리하듯 차곡차곡 업무를 분화시켜서 내려가는 것이 가장 중요함을 재차 강조한다.

　체계적 분류의 최종단계는 가장 작은 업무의 단위로서 시작하면 끊어지지 않고 마무리를 지어야 하는 한 개의 업무가 되는 것이 가장 좋다. 또한 이 사례에서는 업무의 전개를 3, 4단으로 하였는데 이는 해당 사례에서는 그 정도가 적당하기 때문에 그렇게 한 것이지 꼭 그렇게 해야 하는 것은 아니다. 즉, 5단이나 6단으로 전개되어야 한다면 그렇게 해야 한다. 반대로 더 짧을 수도 있다. 업무의 상황에 맞춰 전개 단계를 정하는 것도 아주 중요한 부분이다.

　또한 기준수준에서 경력기준 기간을 1월, 6월, 1년, 2년, 3년, 5년, 7년, 10년으로 앞에는 짧고 뒤에는 길게 한 것은 처음에는 간단하고 쉬운 일들을 빨리 익혀야 하는 성격의 일들인 반면 뒤로 갈수록 깊이 있고 시간이 걸려서 습득을 해야 하는 성격의 일들이기 때문에 그런 것이다. 이 역시 해당업무의 특성에 맞게 정하면 되는 것이다. 또한 경력기준기간 밑에 표시된 숫자들은 기간이 늘어나면서 함께 새롭게 늘어나는 업무의 개수를 의미한다.

　이러한 필요능력의 전개는 업무가 있는 곳이라면 어느 곳이든지 전개할 수 있는 것이다. 관리부서이든 기술부서이든 영업부서이든 그 어느 부서이든 상관없이 적용할 수 있다. 만일 이러한 식으로 업무 전개를 해서 학습을 시키지 않는 곳이라면 일이 쉽고 단순하거나 학습에 대한 의지가 없는 곳일 것이다.

● Step 2 : 현 수준 파악

위와 같이 엑셀시트에 필요능력 리스트를 만들게 되면 그 다음 스텝부터는 그 표의 우측으로 매 스텝에 해당되는 칸을 추가하면서 진행하면 된다. Step 2에 대해서는 다음과 같이 진행한다.

Step 2 진행 요령

1. Step 1에서 만든 필요능력 리스트를 담아 개인별로 시트를 만든다
2. 개인별로 각각의 필요능력 항목에 대하여 자신의 수준을 평가하여 해당칸에 기입한다
3. 각 개인의 상사(해당 개인을 평가할 수 있는 역량이 있는 자)가 해당 개인을 객관적으로 평가하여 그 수준을 옆의 해당칸에 기입한다(상사 평가)
4. 개인이 기입한 수준과 상사가 평가한 수준 중에서 낮은 쪽을 해당 개인의 수준으로 정하여 그 옆의 해당 칸에 기입한다(최종 수준)

Step 2부터는 완전히 개인단위의 체제로 진행된다. 따라서 엑셀시트도 개인별로 만들어야 하고 진행도 개인단위로 진행된다. 구성원이 10명이면 10개의 개인별 엑셀시트가 만들어져야 한다. 이와

같이 개인별로 시트가 만들어진 다음에는 각 개인별로 자기평가를 한다. 자기 스스로가 자신의 경력에 해당되는 항목의 수준을 앞에서 정한 표준수준 표에 의거하여 0, 1, 2, 3, 4, 5 중에서 하나를 정하여 기입하는 것이다.

그런 다음에는 직속상사가 동일한 방식으로 객관적인 평가를 하여 바로 옆 칸에 기입을 한다. 그 다음에는 두 개의 평가 값 중에서 낮은 쪽을 최종수준으로 정하여 또 바로 옆 칸에 기입한다. 이는 엑셀의 함수기능을 활용하면 자동으로 단숨에 처리할 수 있다. 이것이 바로 현 수준이 되는 것이다.

그런데 여기서 직속상사란 가장 객관적으로 정확히 평가를 할 수 있는 사람으로 생각하는 것이 좋다. 즉, 경력이 많은 선배나 멘토 등이 대신할 수도 있다. 보통은 직속상사가 가장 적절할 수 있는 사람이기에 그렇게 표현한 것이다. 이렇게 진행하면 다음과 같은 모양으로 된다.

중분류	일련번호	필요능력 세부 항목	(5점):타인에게 지도할 수 있다(전문가) (4점):어느정도 타인에게 지도할 수 있다 (3점):혼자서 충분히 할 수 있다(숙련자) (2점):선임감독하에 어느 정도 할 수 있다 (1점):배워야 할 수 있다	능력구분	기준수준								Step 2 (현수준 파악)		
					1月	6月	1年	2年	3年	5年	7年	10年	자기평가	상사평가	최종결정
					16	58	109	146	182	208	210	210			138
3S	1	3S 의미,활동 목적에 대해서 정확하게 이해하는가?		지식	0	1	3	4	5	5	5	5	4	4	4
	2	3S 활동 9단계에 대해서 정확하게 이해하는가?		지식	0	1	3	4	5	5	5	5	4	4	4
	3	발주재고, 안전재고에 대한 개념을 정확하게 이해하고 있는가?		지식	0	1	3	4	5	5	5	5	4	4	4
	4	자재 / 공구의 발주 절차에 대해 알고 있는가?		지식	0	1	3	4	5	5	5	5	4	3	3
	5	3S 주간활동 계획 / 점검 평가서 작성방법을 정확히 알고 있는가?		지식	0	1	3	4	5	5	5	5	4	4	4
	6	문서 보관함 관리 체계에 대해서 정확하게 이해하고 있는가?		지식	0	1	3	4	5	5	5	5	3	4	3
	7	PC 폴더 체계에 대해서 정확하게 이해하고 있는가?		지식	0	1	3	4	5	5	5	5	3	4	3
불합리	8	불합리의 의미에 대해서 정확하게 이해하는가?		지식	0	1	3	4	5	5	5	5	4	4	4
	9	불합리 적출 및 해결 Flow를 잘 알고 있는가?		지식	0	1	3	4	5	5	5	5	4	4	4
M	71	표준서의 위치를 알고 있는가?		지식	0	1	2	3	4	5	5	5	5	5	5
	72	CBM 대해서 정확하게 알고 있는가?		지식	0	1	2	3	4	5	5	5	5	5	5
	73	CBM의 목적을 이해 하고 있는가?		지식	0	1	2	3	4	5	5	5	3	3	3
가공선로	74	가공선로 표준서 / 순서서의 위치를 알고 있는가?		지식	0	1	2	3	4	5	5	5	5	5	5
	75	가공선로 Master List를 알고 있는가?		지식	0	1	2	3	4	5	5	5	5	5	5
	76	가공선로 2 Weekly CBM 점검 방법을 알고 있는가?		지식	0	1	2	3	4	5	5	5	2	2	2
	77	가공선로 2 Weekly CBM 점검 순서서를 이용하여 점검을 할 수 있는가?		스킬	0	1	2	3	4	5	5	5	2	3	2

이와 같이 진행을 하면 가장 객관적이면서도 정확하게 빈틈이 없는 수준평가를 한 결과를 얻게 되는 것이다.

● Step 3 : 부족항목 파악

Step 2까지 진행하고 나면 그 다음부터는 수월해진다. Step 3에서는 Step 2에서 정한 최종수준 값에서 Step 1에서 설정한 기준수준 값을 뺀 값을 기입하는 것이다. 이는 엑셀의 계산식을 활용하면 자동으로 금세 계산결과를 얻을 수 있다.

```
_Step 3 진행 요령_

1. 각 항목별로 최종수준에서 기준 수준을 뺀 값을 '부족 점수'칸에 기입한다
2. 여기서 음('-')의 값으로 나타나는 항목들이 부족한 필요능력 항목이다.
   즉, 집중적으로 공부해야 하는 능력이다
3. 이 단계에서 다른 사람을 가르치고 지도할 수 있는 부분도 선명해진다
```

여기서 음('-')의 값으로 나타나는 것이 부족한 부분이 되는 것이다. 또한 그 값이 '5'가 나온다면 그 항목은 다른 사람을 가르칠 수 있다는 것도 알게 되는 것이다. Step 3에서 무엇보다도 중요한 것은 각 개개인이 자신이 어떤 것이 부족한지를 확실히 인식하고 그것을 어떻게 채울 것인지를 스스로 궁리하는 마음가짐을 갖게 된다는 점

이다. 즉, 자신이 부족한 점을 명확히 인식하는 데서부터 자발성이 살아나 자주학습으로 이어질 수 있기 때문이다. Step 3를 마치면 다음과 같은 모양이 된다.

중분류	일련번호	필요능력 세부 항목	(5점):타인에게 지도할 수 있다(전문가) (4점):어느정도 타인에게 지도할 수 있다 (3점):혼자서 충분히 할 수 있다(숙련자) (2점):선임감독하에 어느 정도 할 수 있다 (1점):배워야 할 수 있다	능력구분	1月	6月	1年	2年	3年	5年	7年	10年	자기평가	상사평가	최종결정	부족점수
			Step 1 (필요능력 설정)						기준수준					Step 2 (현수준파악)		Step 3 (부족항목 파악)
					16	58	109	146	182	208	210	210			138	-13
3S	1	3S 의미, 활동 목적에 대해서 정확하게 이해하는가?		지식	0	1	3	4	5	5	5	5	4	4	4	0
	2	3S 활동 9단계에 대해서 정확하게 이해하는가?		지식	0	1	3	4	5	5	5	5	4	4	4	0
	3	발주재고, 안전재고에 대한 개념을 정확하게 이해하고 있는가?		지식	0	1	3	4	5	5	5	5	4	4	4	0
	4	자재 / 공구의 발주 절차에 대해 알고 있는가?		지식	0	1	3	4	5	5	5	5	4	3	3	-1
	5	3S 주간활동 계획 / 점검 평가서 작성방법을 정확히 알고 있는가?		지식	0	1	3	4	5	5	5	5	4	4	4	0
	6	문서 보관함 관리 체계에 대해서 정확하게 이해하고 있는가?		지식	0	1	3	4	5	5	5	5	3	4	3	-1
	7	PC 폴더 체계에 대해서 정확하게 이해하고 있는가?		지식	0	1	3	4	5	5	5	5	4	4	4	0
불합리	8	불합리의 의미에 대해서 정확하게 이해하는가?		지식	0	1	3	4	5	5	5	5	4	4	4	0
	9	불합리 적출및 해결 Flow를 잘 알고 있는가?		지식	0	1	3	4	5	5	5	5	4	4	4	0
CBM	71	표준서의 위치를 알고 있는가?		지식	0	1	2	3	4	5	5	5	5			2
	72	CBM 대해서 정확하게 알고 있는가?		지식	0	1	2	3	4	5	5	5	3	3	3	0
	73	CBM의 목적을 이해 하고 있는가?		지식	0	1	2	3	4	5	5	5	3	3	3	0
가공선로	74	가공선로 표준서 / 순서서의 위치를 알고 있는가?		지식	0	1	2	3	4	5	5	5	5			2
	75	가공선로 Master List를 알고 있는가?		지식	0	1	2	3	4	5	5	5				0
	76	가공선로 2 Weekly CBM 점검 방법을 알고 있는가?		지식	0	1	2	3	4	5	5	5	2	2	2	-1
	77	가공선로 2 Weekly CBM 점검 순서서를 이용하여 점검을 할 수 있는가?		스킬	0	1	2	3	4	5	5	5	2	2	2	-1

이 표에서 볼 수 있듯이 음('-')의 값으로 표현된 부분이 그렇게 많지 않다. 실제로 대부분의 현업에서 이러한 일이 일어나리라 본다. 따라서 업무체계를 따라 필요능력을 리스트하면 그 양이 상당히 많아서 학습을 해야 하는 것에 대한 부담감이 생길 수 있는데, 실제로 경력에 맞게 측정해 보면 학습해야야 할 부분은 그렇지 않다는

것을 알 수 있다. 이러한 것이 없을 때에는 막연하기만 했던 부분들이 선명하게 드러나면서 학습해야 할 포인트를 정확히 드러나도록 하는 효과를 얻는 것이다.

● Step 4 : 목표수준 설정

목표수준의 설정은 상당히 간단한 편이다. Step 3에서 음('-')의 값으로 나타난 항목들에 대해서만 각 개인의 경력에 해당되는 기준수준을 그대로 목표수준으로 정하면 된다. 해당 시트의 오른편으로 '목표수준' 칸을 또 만들어 Step 1에서 정립한 기준표에서 각각의 경력대로 기준수준을 찾아서 기입하면 되는 것이다. 여기에서 중요한 것은 기준에 의해 해당되는 값을 입력하는 것이지만 개인 본인과 상사가 상호 커뮤니케이션을 충실히 하면서 협의하여 정한다. 그저 단순히 기계적으로 움직여서 되는 것이 아니고, 목적과 본질을 충실히 추구하면서 실질적인 학습이 진행되도록 하기 위해서는 반드시 필요한 과정이다.

Step 4 진행 요령

1. Step 3에서 음('-')의 값으로 나타난 항목들에 대해서만 해당 개인의 경력에 맞는 기준 수준을 그대로 목표수준으로 정하여 목표수준 칸에 기입한다
2. 기준에 의하여 진행하는 것일지라도 상사와 각 개인의 협력하에 정하는 것이 중요하다

이와 같이 진행하면 아래와 같은 모양이 된다. 즉, 부족한 것으로 나타난 항목에만 목표수준을 채워 넣으면 되는 것이다. 처음에 필요 능력을 리스트화할 때는 그 양이 방대해 보였지만 경력을 고려하여 차근차근 접근하게 되면 그렇게 많지 않게 나타난다. 즉, 지금 각 개인에게 무엇이 필요한지를 꼬집어서 부각시키기 때문에 학습의욕이 살아나게 되기도 한다.

이렇게 스스로 하고 싶은 의욕이 살아나는 것이 곧 자발성이 살아나는 것이다. 바로 이 자발성에 의해 본 자주학습 체계가 돌아가도록 하는 것이 성공의 핵심이 된다.

이 표에서도 편의상 세로축의 중간을 생략했는데 내용은 앞의 표

중분류	일련번호	필요능력 세부 항목	(5점):타인에게 지도할 수 있다(전문가) (4점):어느정도 타인에게 지도할 수 있다 (3점):혼자서 충분히 할 수 있다(숙련자) (2점):선임감독하에 어느 정도 할 수 있다 (1점):배워야 할 수 있다	능력구분	기준수준								자기평가	상사평가	최종결정	부족점수	목표수준
					1月	6月	1年	2年	3年	5年	7年	10年					
					16	58	109	146	182	208	210	210			138	~-13	
3S	1	3S 의미,활동 목적에 대해서 정확하게 이해하는가?		지식	0	1	3	4	5	5	5	5	4	4	4	0	·
	2	3S 활동 9단계에 대해서 정확하게 이해하는가?		지식	0	1	3	4	5	5	5	5	4	4	4	0	·
	3	발주재고, 안전재고에 대한 개념을 정확하게 이해하고 있는가?		지식	0	1	3	4	5	5	5	5	4	4	4	0	·
	4	자재 / 공구의 발주 절차에 대해 알고 있는가?		지식	0	1	3	4	5	5	5	5	4	3	3	-1	4
	5	3S 주간활동 계획 / 점검 평가서 작성방법을 정확히 알고 있는가?		지식	0	1	3	4	5	5	5	5	4	4	4	0	·
	6	문서 보관함 관리 체계에 대해서 정확하게 이해하고 있는가?		지식	0	1	3	4	5	5	5	5	3	4	3	-1	4
	7	PC 폴더 체계에 대해서 정확하게 이해하고 있는가?		지식	0	1	3	4	5	5	5	5	4	4	4	0	·
불합리	8	불합리의 의미에 대해서 정확하게 이해하는가?		지식	0	1	3	4	5	5	5	5	4	4	4	0	·
	9	불합리 적출및 해결 Flow를 잘 알고 있는가?		지식	0	1	3	4	5	5	5	5	4	4	4	0	·
CBM	71	표준서의 위치를 알고 있는가?		지식	0	1	2	3	4	5	5	5	5	5	5	2	·
	72	CBM 대해서 정확하게 알고 있는가?		지식	0	1	2	3	4	5	5	5	3	3	3	0	·
	73	CBM의 목적을 이해 하고 있는가?		지식	0	1	2	3	4	5	5	5	3	3	3	0	·
가공선로	74	가공선로 표준서 / 순서서의 위치를 알고 있는가?		지식	0	1	2	3	4	5	5	5	5	5	5	2	·
	75	가공선로 Master List을 알고 있는가?		지식	0	1	2	3	4	5	5	5	5	5	5	2	·
	76	가공선로 2 Weekly CBM 점검 방법을 알고 있는가?		지식	0	1	2	3	4	5	5	5	2	2	2	-1	3
	77	가공선로 2 Weekly CBM 점검 순서서를 이용하여 점검을 할 수 있는가?		스킬	0	1	2	3	4	5	5	5	2	2	2	-1	3
	78	가공선로 1 Monthly CBM 점검 방법을 이용할 수 있는가?		지식	0	1	2	3	4	5	5	5	3	2	2	-1	3
GIS	135	GIS 표준서의 위치를 알고 있는가?		지식	0	1	2	3	4	5	5	5	2	1	1	-2	3
	136	GIS 순서서의 위치를 알고 있는가?		지식	0	1	2	3	4	5	5	5	1	1	1	-2	3
	137	GIS Master List을 알고 있는가?		지식	0	1	2	3	4	5	5	5	3	3	3	0	·
	138	GIS 2 Hourly CBM의 표준서를 알고 있는가?		지식	0	1	2	3	4	5	5	5	2	2	2	-1	3

Step 1 (필요능력 설정) / Step 2 (현수준파악) / Step 3 (부족항목 파악) / Step 4 (목표수준 설정)

와 동일하고 새로 추가되는 각 Step의 내용에 초점을 맞춘 것이다.

● Step 5 : 계획수립

Step 5부터는 방법상으로는 기술적인 어려움이 없다. 앞에서 목표수준이 설정된 항목들에 대해 언제까지 학습해서 달성할 것인지를 정하여 기입하면 된다. 물론 지금까지 유지해 온 엑셀시트의 오른편에 계속해서 칸을 늘려가면서 채우는 것이다.

```
 _Step 5 진행 요령_

 1. Step 4에서 설정한 항목들에 대하여 언제까지 달성할 것인지를
    정하여 기입한다
 2. 강사를 정하여 기입한다(스스로, 동료나 선배, 외부교육 기타 등등
    현실적으로 기입)
```

이 일정계획은 각 개인 본인이 직접 정하는 것이 바람직하다. 자발성을 강조하면서 일정계획을 스스로 수립하는 것부터 시작해야 한다. 그 다음에는 강사를 기입하면 된다. 이 부분에 대해서는 상사와의 커뮤니케이션을 통해 결정하는 것이 바람직하다. 자신이 스스로 학습할 수도 있고 동료나 선배 중 잘 아는 사람을 정할 수도 있다. 물론 외부교육이나 사이버 교육 등의 매체를 이용할 수도 있다.

Step 5를 완성하면 다음과 같은 모양이 된다.

중분류	일련번호	필요능력 세부 항목	능력구분	1月	6月	1年	2年	3年	5年	7年	10年	자기평가	상사평가	최종결정	부족점수	목표수준	계획일	교육훈련 담당자
				16	58	109	146	182	208	210	210				138	-13		
3S	1	3S 의미,활동 목적에 대해서 정확하게 이해하는가?	지식	0	1	3	4	5	5	5	5	4	4	4	0		·	·
	2	3S 활동 9단계에 대해서 정확하게 이해하는가?	지식	0	1	3	4	5	5	5	5	4	4	4	0		·	·
	3	발주재고, 안전재고에 대한 개념을 정확하게 이해하고 있는가?	지식	0	1	3	4	5	5	5	5	4	4	4	0		·	·
	4	자재 / 공구의 발주 절차에 대해 알고 있는가?	지식	0	1	3	4	5	5	5	5	4	3	3	-1	4	08-6-1	임거정
	5	3S 주간활동 계획 / 점검 평가서 작성방법을 정확하게 알고 있는가?	지식	0	1	3	4	5	5	5	5	4	4	4	0		·	·
	6	문서 보관함 관리 체계에 대해서 정확하게 이해하고 있는가?	지식	0	1	3	4	5	5	5	5	3	4	3	-1	4	08-6-2	임거정
	7	PC 폴더 체계에 대해서 정확하게 이해하고 있는가?	지식	0	1	3	4	5	5	5	5	4	4	4	0		·	·
불합리	8	불합리의 의미에 대해서 정확하게 이해하는가?	지식	0	1	3	4	5	5	5	5	4	4	4	0		·	·
	9	불합리 적출및 해결 Flow를 잘 알고 있는가?	지식	0	1	3	4	5	5	5	5	4	4	4	0		·	·
	71	표준서의 위치를 알고 있는가?	지식	0	1	2	3	4	5	5	5	5	5	5	2		·	·
	72	CBM 대해서 정확하게 알고 있는가?	지식	0	1	2	3	4	5	5	5	3	3	3	0		·	·
	73	CBM의 목적을 이해 하고 있는가?	지식	0	1	2	3	4	5	5	5	3	3	3	0		·	·
가공선로	74	가공선로 표준서 / 순서서의 위치를 알고 있는가?	지식	0	1	2	3	4	5	5	5	5	5	5	2		·	·
	75	가공선로 Master List를 알고 있는가?	지식	0	1	2	3	4	5	5	5	3	3	3	0		·	·
	76	가공선로 2 Weekly CBM 점검 방법을 알고 있는가?	지식	0	1	2	3	4	5	5	5	2	2	2	-1	3	08-8-1	박문수
	77	가공선로 2 Weekly CBM 점검 순서서를 이용하여 점검을 할 수 있는가?	스킬	0	1	2	3	4	5	5	5	3	2	2	-1	3	08-8-2	박문수
	78	가공선로 1 Monthly CBM 점검 방법을 알고 있는가?	지식	0	1	2	3	4	5	5	5	3	2	2	-1	3	08-8-3	박문수
GIS	135	GIS 표준서의 위치를 알고 있는가?	지식	0	1	2	3	4	5	5	5	2	1	1	-2	3	08-8-10	박문수
	136	GIS 순서서의 위치를 알고 있는가?	지식	0	1	2	3	4	5	5	5	1	1	1	-2	3	08-8-16	박문수
	137	GIS Master List를 알고 있는가?	지식	0	1	2	3	4	5	5	5	3	3	3	0		·	·
	138	GIS 2 Hourly CBM의 표준서를 알고 있는가?	지식	0	1	2	3	4	5	5	5	2	2	2	-1	3	08-9-1	김병현

Step 1 (필요능력 설정) / Step 2 (현수준파악) / Step 3 (부족항목 파악) / Step 4 (목표수준 설정) / Step 5 (계획수립)

(5점):타인에게 지도할 수 있다(전문가) / (4점):어느정도 타인에게 지도할 수 있다 / (3점):혼자서 충분히 할 수 있다(숙련자) / (2점):선임감독하에 어느 정도 할 수 있다 / (1점):배워야 할 수 있다

이와 같이 계획을 선명하게 수립하고 공표하는 것이 실행력을 높이는 데 큰 도움을 준다. 눈에 보이는 계획이 구속력으로 작용해서 자발성을 살려주기 때문이다. 학습을 하는 자신이나 가르쳐야 하는 강사나 이러한 눈에 보이는 계획이 있기 때문에 실행으로 옮기기 위한 의욕이 생기는 것이다.

● Step 6 : 학습 및 교육 실시

Step 6는 앞에서 수립한 계획대로 실시하면 되는 것이다.

Step 6 진행 요령

1. Step 5에서 계획한 대로 이행한다
2. 이때 기존 보유하고 있던 학습자료 이외의 것들을 보강한다
3. 이때에 새로운 필요능력이 대두되기도 한다

Step 1에서부터 Step 5까지의 모든 노력은 결국 실시하기 위한 것이다. 교육을 받아야 하는 각 개인 당사자가 이 계획서에 의거해 스스로 연구하면서 실행에 옮겨야 실질적이면서도 효과적인 교육이 진행될 수 있다.

본인 스스로 학습해야 할 것은 본인의 의지로 문제없이 실행할 수 있으나 다른 사람들로부터 받아야 하는 것은 그렇게 쉽게 이루어지지 않을 가능성이 높다. 모두들 자기의 일로 바쁘기 때문에 다른 사람을 교육하는 것에 대해 그렇게 적극적으로 임하지 않기 때문이다. 따라서 계획일로부터 충분한 시간을 만들어 사전에 당사자가 찾아가서 확실한 시간을 예약하는 정도로 적극적으로 해야만 한다.

이러한 분위기를 만드는 데 상사의 리더십이 필요하다. 각 개개인

의 학습이 잘 진행되고 있는지를 평소에 확인하면서 전원이 참여하는 가운데 가르치는 사람도 배우는 사람도 즐거움으로 적극적인 실행을 할 수 있도록 분위기를 만들어주는 것이 매우 중요하다. 가르치는 즐거움과 배우는 즐거움을 맛보게 하는 실시과정을 연출해가는 상사의 지혜가 요구되는 단계인 것이다.

이때 새로운 교육자료가 만들어지기도 한다. 배우고 가르치다 보면 기존의 학습자료에서 부족한 점이 발견되기도 하고, 새롭게 보강해야 할 점들이 발견되기도 한다.

이러한 것들을 배우는 사람들로 하여금 계속 자료화하도록 해서 더 나은 교육자료로 축적해야 한다.

또한 이때에 새로운 필요능력이 대두되기도 한다. 진정 좋은 체질이 갖춰진 조직이라면 자신의 업무에 대한 질적인 깊이가 깊어지면서 기능적인 범위도 넓어지게 되어 지속적인 발전의 모습을 보이게 된다. 그러면 자연스럽게 필요능력이 새롭게 탄생되는 일이 지속되는 것이다. 필요능력이 계속해서 증가하는 조직이 발전하는 조직이라 할 수 있을 것이다.

Step 6은 다음과 같은 모양으로 정리된다

Step 6에서는 실시한 날짜만 기입하면 된다. 칸이 비어 있으면 실행이 되지 않은 것이고 날짜가 채워져 있으면 실행이 된 것이다.

대분류	중분류	일련번호	필요능력 세부 항목	능력구분	1月 (16)	6月 (58)	1年 (109)	2年 (146)	3年 (182)	5年 (208)	7年 (210)	10年 (210)	자기평가	상사평가	최종결정 (138)	부족점수 (-13)	목표수준	계획일	교육훈련 담당자	실시일
기본기	3S	1	3S 의미,활동 목적에 대해서 정확하게 이해하는가?	지식	0	1	3	4	5	5	5	5	4	4	4	0	·	·	·	·
		2	3S 활동 9단계에 대해서 정확하게 이해하는가?	지식	0	1	3	4	5	5	5	5	4	4	4	0	·	·	·	·
		3	발주재고, 안전재고에 대한 개념을 정확하게 이해하고 있는가?	지식	0	1	3	4	5	5	5	5	4	4	4	0	·	·	·	·
		4	자재 / 공구의 발주 절차에 대해 알고 있는가?	지식	0	1	3	4	5	5	5	5	4	3	3	-1	4	08-6-1	임거정	08-6-1
		5	3S 주간활동 계획 / 점검 평가서 작성방법을 정확히 알고 있는가?	지식	0	1	3	4	5	5	5	5	4	4	4	0	·	·	·	·
		6	문서 보관함 관리 체계에 대해서 정확하게 이해하고 있는가?	지식	0	1	3	4	5	5	5	5	4	3	3	-1	4	08-6-2	임거정	08-6-2
		7	PC 폴더 체계에 대해서 정확하게 이해하고 있는가?	지식	0	1	3	4	5	5	5	5	4	4	4	0	·	·	·	·
	불합리	8	불합리의 의미에 대해서 정확하게 이해하는가?	지식	0	1	3	4	5	5	5	5	4	4	4	0	·	·	·	·
		9	불합리 적출및 해결 Flow를 잘 알고 있는가?	지식	0	1	3	4	5	5	5	5	4	4	4	0	·	·	·	·
PM	CBM	71	표준서의 위치를 알고 있는가?	지식	0	1	2	3	4	5	5	5	5	5	5	2	·	·	·	·
		72	CBM에 대해서 정확하게 알고 있는가?	지식	0	1	2	3	4	5	5	5	3	3	3	0	·	·	·	·
		73	CBM의 목적을 이해 하고 있는가?	지식	0	1	2	3	4	5	5	5	3	3	3	0	·	·	·	·
	가공선로	74	가공선로 표준서 / 순서서의 위치를 알고 있는가?	지식	0	1	2	3	4	5	5	5	5	5	5	2	·	·	·	·
		75	가공선로 Master List를 알고 있는가?	지식	0	1	2	3	4	5	5	5	3	3	3	0	·	·	·	·
		76	가공선로 2 Weekly CBM 점검 방법을 알고 있는가?	지식	0	1	2	3	4	5	5	5	2	2	2	-1	3	08-8-1	박문수	08-8-1
		77	가공선로 2 Weekly CBM 순서서를 이용하여 점검을 할 수 있는가?	스킬	1	2	3	4	5	5	5	5	2	2	2	-1	3	08-8-2	박문수	08-8-10
		78	가공선로 1 Monthly CBM 점검 방법을 알고 있는가?	지식	0	1	2	3	4	5	5	5	2	2	2	-1	3	08-8-3	박문수	08-8-11
	GIS	135	GIS 표준서의 위치를 알고 있는가?	지식	0	1	2	3	4	5	5	5	2	1	1	-2	3	08-8-10	박문수	08-8-17
		136	GIS 순서서의 위치를 알고 있는가?	지식	0	1	2	3	4	5	5	5	1	1	1	-2	3	08-8-16	박문수	08-8-20
		137	GIS Master List를 알고 있는가?	지식	0	1	2	3	4	5	5	5	1	1	1	0	·	·	·	·
		138	GIS 2 Hourly CBM의 표준서를 알고 있는가?	지식	0	1	2	3	4	5	5	5	2	2	2	-1	3	08-9-1	김병현	08-9-2
이상발생	조치방법	###	SMS 전송기준 및 전송방법을 알고 있는가?	지식	1	2	2	3	4	4	4	4	4	4	4	1	·	·	·	·
		###	SMS 전송을 할 수 있는가?	스킬	1	2	3	4	4	5	5	5	5	4	4	0	·	·	·	·
	송전선로	###	한전 송전선로 사고시 조치 방법을 알고 있는가?	지식	0	0	1	2	3	4	5	5	5	5	5	2	·	·	·	·
		###	한전 송전선로 사고시 조치 할 수 있는가?	스킬	0	1	2	3	4	5	5	5	5	5	5	3	·	·	·	·
	GIS	###	제1변전소 GIS Main BUS 사고시 조치 방법을 알고 있는가?	지식	0	0	1	2	3	4	5	5	1	1	1	-1	2	08-9-2	한영수	08-9-10
		###	제1변전소 GIS Main BUS 사고시 조치 할 수 있는가?	스킬	1	2	3	4	5	5	5	5	1	1	1	-2	3	08-9-4	한영수	08-9-11
전산업무	Power Point	###	파워포인트 프로그램 활용 방법을 이해하고 있는가?	지식																
	Excel	###	엑셀 프로그램 활용 방법을 이해하고 있는가?	지식	0	1	2	3	4	5	5	5	1	1	1	-2	3	08-10-30	김광욱	08-12-1
		###	작성된 장표에 함수 및 기타 기능들을 이용하여 작업 할 수 있는가?	스킬	0	1	2	3	4	5	5	5	1	1	1	-2	3	08-12-1	김광욱	08-12-2

능력구분 기준:
(5점) 타인에게 지도할 수 있다(전문가)
(4점) 어느정도 타인에게 지도할 수 있다
(3점) 혼자서 충분히 할 수 있다(숙련자)
(2점) 선임감독하에 어느 정도 할 수 있다
(1점) 계획아 할 수 있다

● Step 7 : 평가와 피드백

Step 6까지 진정성을 가지고 몰입하여 진행해 왔다면 질 높은 평가와 피드백은 자연스럽게 나타난다. 아무리 완벽한 조직이라 할지라도 더 나은 발전을 위한 문제점이 발견되지 않을 리가 없기 때문이다. 만일에 Step 6까지 마쳤는데도 아무런 피드백을 할 것이 나오지 않았다면 건성으로 진행했거나 너무 쉬운 업무에 종사하고 있거나 둘 중의 하나일 가능성이 높다.

너무 쉬운 업무에까지 이러한 프로그램을 적용할 필요는 없을 것이다. 그러나 건성으로 진행하는 것은 철저히 방지해야 한다. 진정으로 목적에 충실하여 진행을 하면 반드시 피드백 내용이 나타날 것이다. 더 나은 모습을 이루기 위해 노력하는 곳에서는 좋은 개선 아이디어들이 끊임없이 나오는 법이다.

Step 7은 아래의 요령으로 실시한다.

Step 7 진행 요령

1. 각 항목별로 목표한 대로 달성이 되었나를 확인한다
2. 문제점들을 전부 취합하여 정리한다
3. 자주학습 7Step 프로그램을 보강한다

우선 Step 2에서 했던 것과 동일한 방법으로 학습계획에 잡혀 있던 항목들에 대한 평가를 한다. 그리고 각 계획했던 항목들이 목표수준에 도달하였는가의 여부를 확인한다. 즉, 최종평가 점수에서 기준수준점수를 빼어 음('−')의 수가 나오는 것이 있다면 목표에 미달한 것이 되는 것이다.

이렇게 하면 다음과 같은 모양으로 나타난다.

대분류	중분류	일련번호	필요능력 세부 항목	능력구분	기준수준 1月	6月	1年	2年	3年	5年	7年	10年	자기평가	상사평가	최종결정	부족점수	목표수준	계획일	교육훈련담당자	실시일	자기평가	상사평가	최종결정	부족점수
					16	58	109	146	182	208	210	210			138	-13							75	-2
기본기	3S	1	3S 의미,활동 목적에 대해서 정확하게 이해하는가?	지식	0	1	3	4	5	5	5	5	4	4	4	0		·		·		·	·	·
		2	3S 활동 9단계에 대해서 정확하게 이해하는가?	지식	0	1	3	4	5	5	5	5	4	4	4	0		·		·		·	·	·
		3	발주재고, 안전재고에 대한 개념을 정확하게 이해하고 있는가?	지식	0	1	3	4	5	5	5	5	4	4	4	0		·		·		·	·	·
		4	자재 / 공구의 발주 절차에 대해 알고 있는가?	지식	0	1	3	4	5	5	5	5	4	3	3	-1	4	08-6-1	임거정	08-6-1	4	4	4	0
		5	3S 주간활동 계획 / 점검 평가서 작성방법을 정확히 알고 있는가?	지식	0	1	3	4	5	5	5	5	4	4	4	0		·		·		·	·	·
		6	문서 보관함 관리 체계에 대해서 정확하게 이해하고 있는가?	지식	0	1	3	4	5	5	5	5	3	4	4	-1	4	08-6-2	임거정	08-6-2	4	4	4	0
		7	PC 폴더 체계에 대해서 정확하게 이해하고 있는가?	지식	0	1	3	4	5	5	5	5												
	불합리	8	불합리의 의미에 대해서 정확하게 이해하는가?	지식	0	1	3	4	5	5	5	5	4	4	4	0								
		9	불합리 적출및 해결 Flow를 잘 알고 있는가?	지식	0	1	3	4	5	5	5	5	4	4	4	0								
PM	CBM	71	표준서의 위치를 알고 있는가?	지식	0	1	2	3	4	5	5	5	5	5	5	2								
		72	CBM 대해서 정확하게 알고 있는가?	지식	0	1	2	3	4	5	5	5	5	5	5	2								
		73	CBM의 목적을 이해 하고 있는가?	지식	0	1	2	3	4	5	5	5	5	5	5	0								
	가공선로	74	가공선로 표준서 / 순서서의 위치를 알고 있는가?	지식	0	1	2	3	4	5	5	5	5	5	5	2								
		75	가공선로 Master List를 알고 있는가?	지식	0	1	2	3	4	5	5	5	3	3	3	0								
		76	가공선로 2 Weekly CBM 방법을 알고 있는가?	지식	0	1	2	3	4	5	5	5	2	2	2	-1	3	08-8-1	박문수	08-8-1	3	3	3	0
		77	가공선로 2 Weekly CBM 점검 순서서를 이용하여 점검을 할 수 있는가?	스킬	0	1	2	3	4	5	5	5	2	2	2	-1	3	08-8-2	박문수	08-8-10	3	3	3	0
		78	가공선로 1 Monthly CBM 점검 방법을 알고 있는가?	지식	0	1	2	3	4	5	5	5	3	2	2	-1	3	08-8-3	박문수	08-8-11	3	3	3	0
	GIS	135	GIS 표준서의 위치를 알고 있는가?	지식	0	1	2	3	4	5	5	5	2	1	1	-2	3	08-8-10	박문수	08-8-17	3	3	3	0
		136	GIS 순서서의 위치를 알고 있는가?	지식	0	1	2	3	4	5	5	5	1	1	1	-2	3	08-8-16	박문수	08-8-20	3	3	3	0
		137	GIS Master List를 알고 있는가?	지식	0	1	2	3	4	5	5	5	2	2	2	0								
		138	GIS 2 Hourly CBM의 표준서를 알고 있는가?	지식	0	1	2	3	4	5	5	5	2	2	2	-1	3	08-9-1	김병혁	08-9-2				

만약 목표수준에 도달하지 못한 것이 있다면 무언가 문제점이 도사리고 있는 것이다. 그것이 무엇인지 찾아서 해결해야 한다. 그리고 문제점은 목표가 달성되지 않은 곳에만 있는 것은 아니다. 전반적으로 문제점이 존재할 수 있다. 즉, 항목의 과잉 열거, 양식의 불합리, 운영상의 불편함, 교재의 부실, 계획수립의 오류 등등의 문제점들이 드러날 수가 있다. 이러한 것들을 전부 수렴해서 수정하는

것이 반드시 필요하다.

이러한 피드백을 통해서 다음 사이클이 더 매끈하게 돌아가게 되고 그 결과로 각 개인과 조직이 지속적으로 발전하게 되는 것을 기대할 수 있을 것이다. 이러한 사이클이 반복해서 돌아가는 조직이야말로 멋진 조직이라 말할 수 있을 것이다.